ニュートン超《ちょう》図《ず》解《かい》新《しん》書《しょ》

最《さい》強《きょう》に面《おも》白《しろ》い

パラドックス

はじめに

「パラドックス」とは，前提条件《ぜんていじょうけん》や論理《ろんり》の展開《てんかい》にはおかしな点《てん》がないように思《おも》えるのに，受《う》け入《い》れがたい結論《けつろん》がみちびかれてしまう問題《もんだい》のことです。

たとえば，ある人《ひと》が「私《わたし》はうそつきです」といったとします。この発言《はつげん》がほんとうなら，この人《ひと》はうそつきのはずです。それならば，「私《わたし》はうそつきです」という言《こと》葉《ば》もうそのはずですから，この人《ひと》は正直者《しょうじきもの》ということになります。これは矛盾《むじゅん》です。逆《ぎゃく》に発言《はつげん》がうその場合《ばあい》，この人《ひと》は正直者《しょうじきもの》ということになります。正直者《しょうじきもの》が自分《じぶん》のことをうそつきといっているわけですから，やはり矛《む》盾《じゅん》しています。このように，パラドックスについて考《かんが》えることは，論理的《ろんりてき》な思考力《しこうりょく》をきたえることにつながります。

本書《ほんしょ》は，さまざまなパラドックスについて，ゼロから学《まな》べる1冊《さつ》です。“最強《さいきょう》に”面白《おもしろ》い話題《わだい》をたくさんそろえましたので，どなたでも楽《らく》に読《よ》み進《すす》められます。どうぞお楽《たの》しみください！

ニュートン超《ちょう》図《ず》解《かい》新書《しんしょ》

最《さい》強《きょう》に面《おも》白《しろ》い

パラドックス

イントロダクション

第《だい》1章《しょう》 論理《ろんり》パラドックス

囚人《しゅうじん》のジレンマ

第《だい》2章《しょう》
数学《すうがく》のパラドックス

確率《かくりつ》のパラドックス

無限《むげん》のパラドックス

第《だい》3章《しょう》

宇宙《うちゅう》のパラドックス

第《だい》4章《しょう》 物理学《ぶつりがく》のパラドックス

イントロダクション

パラドックスとは，論理《ろんり》の道筋《みちすじ》は正《ただ》しいようにみえるのに，納得《なっとく》しがたい結論《けつろん》がみちびかれてしまう問題《もんだい》のことです。イントロダクションでは，パラドックスの種類《しゅるい》や，どのように生《う》まれてきたのかについて紹《しょう》介《かい》します。

1 思考《しこう》の迷宮《めいきゅう》「パラドックス」

もともとは，哲学《てつがく》や論理学《ろんりがく》の分野《ぶんや》で誕生《たんじょう》した

正《ただ》しくみえる前提《ぜんてい》や論理《ろんり》から，納得《なっとく》しがたい結《けつ》論《ろん》に行《い》き着《つ》いてしまう問題《もんだい》。それが「パラドックス」です。

パラドックスという考《かんが》え方《かた》は，もともとは哲《てつ》学《がく》や論理学《ろんりがく》の分野《ぶんや》で誕生《たんじょう》しました。現在《げんざい》でもこれらの分野《ぶんや》では，研究者《けんきゅうしゃ》によってパラドックスの内容《ないよう》が議論《ぎろん》されたり，新《あたら》しいパラドックスが考案《こうあん》されたりしています。また，数学《すうがく》や物理学《ぶつりがく》，天文学《てんもんがく》，経済学《けいざいがく》など，さまざまな分野《ぶんや》の難問《なんもん》が，パラドックスとよばれることもあります。

哲学《てつがく》，数学《すうがく》，天文学《てんもんがく》，物理学《ぶつりがく》のパラドックスを紹介《しょうかい》

この本《ほん》では，さまざまなパラドックスを，四《よっ》つの分野《ぶんや》にわけて紹介《しょうかい》していきます。

第《だい》1章《しょう》では，哲学《てつがく》や論理学《ろんりがく》との関係《かんけい》が深《ふか》いパラドックスを紹介《しょうかい》していきます。第《だい》2章《しょう》では，確率《かくりつ》論《ろん》や無限《むげん》といった，数学《すうがく》との関係《かんけい》が深《ふか》い分野《ぶんや》のパラドックスを紹介《しょうかい》します。第《だい》3章《しょう》で登場《とうじょう》するのは，天文学《てんもんがく》の分野《ぶんや》で議論《ぎろん》されてきたパラドックスです。そして第《だい》4章《しょう》では，タイムトラベルのような，物理学《ぶつりがく》に関《かん》するパラドックスについて解説《かいせつ》します。

1 さまざまなパラドックス

この本《ほん》で紹介《しょうかい》するパラドックスを，各章《かくしょう》から一《ひと》つずつ紹介《しょうかい》したものです。第《だい》1章《しょう》は哲学《てつがく》や論理学《ろんりがく》，第《だい》2章《しょう》は数学《すうがく》，第《だい》3章《しょう》は天文学《てんもんがく》，第《だい》4章《しょう》は物理学《ぶつりがく》の分野《ぶんや》のパラドックスを紹介《しょうかい》します。

論理《ろんり》パラドックスの例《れい》（第《だい》1章《しょう》）

正直者《しょうじきもの》の天使《てんし》とうそつきの天使《てんし》に，天国《てんごく》への道案内《みちあんない》をさせるには？

数学《すうがく》のパラドックスの例《れい》（第《だい》2章《しょう》）

4匹《ひき》の子猫《こねこ》が生《う》まれるとき，オスとメスが2匹《ひき》ずつになる確率《かくりつ》が高《たか》い？

宇《う》宙《ちゅう》のパラドックスの例《れい》（第《だい》3章《しょう》）

宇《う》宙《ちゅう》のどこかには宇《う》宙《ちゅう》人《じん》がいそうなのに，みつからないのはなぜ？

物《ぶつ》理《り》学《がく》のパラドックスの例《れい》（第《だい》4章《しょう》）

双《ふた》子《ご》の兄《あに》は宇《う》宙《ちゅう》船《せん》で旅《たび》をし，弟《おとうと》は地《ち》球《きゅう》で待《たい》機《き》。「時《じ》間《かん》の遅《おく》れ」で年《とし》下《した》になるのはどっち？

2 パラドックスは，紀元前《きげんぜん》から研究《けんきゅう》されていた

初期《しょき》のパラドックスは，議論《ぎろん》の手法《しゅほう》の一部《いちぶ》だった

パラドックスの扉《とびら》を開《ひら》いたのは，古代《こだい》ギリシアの哲学者《てつがくしゃ》でした。哲学《てつがく》のほか，論理学《ろんりがく》，数学《すうがく》などの発展《はってん》とともに，さまざまな領域《りょういき》にまたがってパラドックスの基礎《きそ》がつくられました。

初期《しょき》のパラドックスは，議論《ぎろん》の手法《しゅほう》の一部《いちぶ》であったようです。哲学者《てつがくしゃ》のゼノン（紀元前《きげんぜん》490ごろ～紀元前《きげんぜん》430ごろ）やエウブリデス（紀元前《きげんぜん》4世《せい》紀《き》ごろ）は，設定《せってい》した仮定《かてい》からパラドックスを導《みちび》くことで，その仮定《かてい》の誤《あやま》りを証明《しょうめい》しようとしました。

天文学《てんもんがく》や物理学《ぶつりがく》では，科学的《かがくてき》な発見《はっけん》につながった

　時代《じだい》が進《すす》み，自然科学《しぜんかがく》が発展《はってん》すると，天文学《てんもんがく》や物理学《ぶつりがく》などにかかわるパラドックスがたくさん考《かんが》えられるようになりました。こうした分野《ぶんや》では，パラドックスの解決策《かいけつさく》を求《もと》めることで，新《あたら》しい科学的《かがくてき》な発見《はっけん》がなされ，結果的《けっかてき》にパラドックスが解決《かいけつ》されることもありました。

　パラドックスの受《う》け入《い》れがたい結論《けつろん》が，単《たん》に直感《ちょっかん》に反《はん》しているだけであって，実際《じっさい》には矛盾《むじゅん》は含《ふく》んでいない場合《ばあい》には，「疑似《ぎじ》パラドックス」とよばれることもあります。

2 パラドックスの開拓者《かいたくしゃ》たち

古代《こだい》ギリシアでパラドックスを考《かんが》えた哲学者《てつがくしゃ》の代表《だいひょう》として，ゼノンとエウブリデスを紹介《しょうかい》します。

ゼノン
（紀元前《きげんぜん》490ごろ～紀元前《きげんぜん》430ごろ）

古代《こだい》ギリシアの哲学者《てつがくしゃ》。イタリア南部《なんぶ》の都市《とし》エレアの出《しゅっ》身《しん》です。同《おな》じく古代《こだい》ギリシアの同名《どうめい》の哲学者《てつがくしゃ》と区別《くべつ》するために，「エレアのゼノン」ともよばれます。議論《ぎろん》の相手《あいて》が主張《しゅちょう》していることを前提《ぜんてい》としつつ，そこから矛盾《むじゅん》する結《けつ》論《ろん》をみちびきだして相手《あいて》の主張《しゅちょう》を崩《くず》す論法《ろんぽう》を得意《とくい》としました。いくつかのパラドックスを提示《ていじ》しており，それらは総称《そうしょう》して「ゼノンのパラドックス」とよばれています。

エウブリデス
（紀元前《きげんぜん》4世紀《せいき》ごろ）

古代《こだい》ギリシアの哲学者《てつがくしゃ》。ギリシアとはエーゲ海《かい》をはさんだ対岸《たいがん》の都市《とし》ミレトスの出身《しゅっしん》です。七《なな》つのパラドックスを考案《こうあん》したとされています。そのうちの一《ひと》つは,「なくしていないものはもっているはずである。あなたは角《つの》をなくしたことがない。つまりあなたは角《つの》をもっている」というものです。

パラドックスの語源《ごげん》って何《なに》？

パラドックスという言葉《ことば》は，英語《えいご》では「paradox」と書《か》きます。その語源《ごげん》は，ギリシア語《ご》です。**ギリシア語《ご》で「反対《はんたい》」という意味《いみ》の「para《パラ》」と，ギリシア語《ご》で「定説《ていせつ》」や「考《かんが》え」という意味《いみ》の「doxa《ドクサ》」が組《く》み合《あ》わさり，パラドックスという言葉《ことば》が生《う》まれました。**

パラドックスという言葉《ことば》は，「矛盾《むじゅん》」や「ジレンマ」といった言葉《ことば》との区別《くべつ》があいまいなまま使《つか》われることも多《おお》いようです。矛盾《むじゅん》とは，ものごとのつじつまが合《あ》わないこと，ジレンマとは，二《ふた》つの選択《せんたく》肢《し》のどちらを選《えら》んでも不都合《ふつごう》がある状態《じょうたい》のことです。**論理《ろんり》の筋道《すじみち》は通《とお》っているようにみえるのに，矛《む》盾《じゅん》やジレンマが発生《はっせい》していたら，パラドックスといえます。**

オーソドックスという言葉《ことば》は，もともとはパラドックスの反意語《はんいご》でした。ギリシア語《ご》で「正規《せいき》の」という意味《いみ》の「ortho《オルト》」と，「doxa《ドクサ》」が組《く》み合《あ》わさった言葉《ことば》です。現在《げんざい》では，「正統派《せいとうは》」などの意味《いみ》で使《つか》われています。

【本書《ほんしょ》の主《おも》な登場人物《とうじょうじんぶつ》】

ゼノン
（紀元前《きげんぜん》490ごろ～紀元前《きげんぜん》430ごろ）
古代《こだい》ギリシアの哲学者《てつがくしゃ》。いくつかのパラドックスを提唱《ていしょう》しており，それらは総称《そうしょう》して「ゼノンのパラドックス」とよばれている。

少年《しょうねん》

カメ

第《だい》1章《しょう》

論理《ろんり》パラドックス

哲学《てつがく》や論理学《ろんりがく》との関係《かんけい》が深《ふか》く，論理的《ろんりてき》な思《し》考力《こうりょく》が試《ため》されるパラドックスのことを，ここでは「論理《ろんり》パラドックス」とよぶことにします。第《だい》1章《しょう》では，論理《ろんり》パラドックスの名作《めいさく》といえる，「囚人《しゅうじん》のジレンマ」「投票《とうひょう》のパラドックス」「うそつきのパラドックス」を紹介《しょうかい》しましょう。

— 囚人《しゅうじん》のジレンマ —

1 「黙秘《もくひ》」と「自白《じはく》」，どちらを選《えら》べばいいの

銀行強盗《ぎんこうごうとう》をやった証拠《しょうこ》はみつかっていない

　銀行強盗《ぎんこうごうとう》の容疑者《ようぎしゃ》2人《ふたり》が逮捕《たいほ》されました。2人《ふたり》は武器《ぶき》を不法《ふほう》に所持《しょじ》していたものの，銀行強盗《ぎんこうごうとう》をやった決定的《けっていてき》な証拠《しょうこ》はみつかっていません。2人《ふたり》を銀行強盗《ぎんこうごうとう》の罪《つみ》で服役《ふくえき》させるためには，容疑者《ようぎしゃ》に自白《じはく》させるしかありません。しかし2人《ふたり》は，ともに黙秘《もくひ》をつづけています。

自分《じぶん》だけ自白《じはく》なら，自分《じぶん》は釈放《しゃくほう》される

　そこで取調官《とりしらべかん》は，2人《ふたり》を別々《べつべつ》の取調室《とりしらべしつ》に連《つ》れていき，一方《いっぽう》の容疑者《ようぎしゃ》にこうもちかけました。

　「もしこのまま2人《ふたり》とも黙秘《もくひ》をつづければ，証《しょう》

1 取《と》り調《しら》べのようす

取調官《とりしらべかん》が別々《べつべつ》の取調室《とりしらべしつ》で，銀行強盗《ぎんこうごうとう》の容疑者《ようぎしゃ》2人《ふたり》に取引《とりひき》をもちかけているようすです。

取調官《とりしらべかん》は，26，28ページの話《はなし》を容疑者《ようぎしゃ》にもちかけ，同《おな》じ話《はなし》を共犯者《きょうはんしゃ》にももちかけることを伝《つた》えました。それぞれの容疑者《ようぎしゃ》は，共犯者《きょうはんしゃ》がどのような選択《せんたく》をするか，知《し》ることができません。

拠《こ》不《ふ》十分《じゅうぶん》で銀行強盗《ぎんこうごうとう》については立件《りっけん》できないだろう。その場合《ばあい》，2人《ふたり》の刑期《けいき》は武器《ぶき》の不法所持《ふほうしょじ》の罪《つみ》で1年《ねん》になるだろう。一方《いっぽう》，もし2人《ふたり》ともみずからの強盗罪《ごうとうざい》を自白《じはく》すれば刑期《けいき》は2人《ふたり》とも5年《ねん》といったところだ。そこで一《ひと》つ提案《ていあん》だが，もし共《きょう》犯者《はんしゃ》が黙秘《もくひ》をつづけて，お前《まえ》だけが2人《ふたり》で銀行強《ぎんこうごう》盗《とう》をやったと自白《じはく》したとしよう。その場合《ばあい》はお前《まえ》だけは釈放《しゃくほう》してやろう。そのかわり，共犯者《きょうはんしゃ》の刑期《けいき》は10年《ねん》になる」。

そして取調官《とりしらべかん》は，同《おな》じ話《はなし》を共犯者《きょうはんしゃ》にももちかけることを容疑者《ようぎしゃ》に伝《つた》えました。「黙秘《もくひ》」と「自白《じはく》」，どちらを選《えら》ぶべきでしょうか。

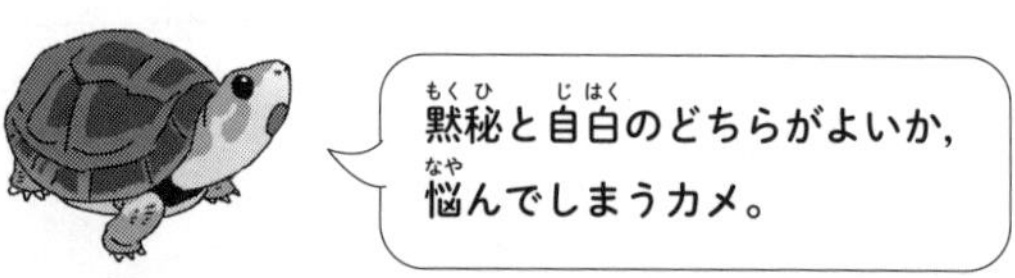

— 囚人《しゅうじん》のジレンマ —

2 どちらがよいのか，判断《はんだん》できない！

2人《ふたり》にとって最《もっと》も得《とく》なのは，2人《ふたり》とも黙秘《もくひ》

前《まえ》のページの状況《じょうきょう》に置《お》かれた2人《ふたり》の容疑者《ようぎしゃ》にとって最《もっと》も得《とく》なのは，おたがいに黙秘《もくひ》をつづけて刑期《けいき》を2人《ふたり》とも1年《ねん》にすることです。しかし，共犯者《きょうはんしゃ》が仮《かり》に裏切《うらぎ》って自白《じはく》したとしたら，共犯《きょうはん》者《しゃ》だけが釈放《しゃくほう》され，自分《じぶん》は10年《ねん》の刑期《けいき》となってしまいます。それをおそれて両者《りょうしゃ》がともに自白《じはく》した場合《ばあい》，刑期《けいき》は2人《ふたり》とも5年《ねん》となります。

黙秘《もくひ》も自白《じはく》も，選択《せんたく》する理由《りゆう》づけができる

これは，容疑者《ようぎしゃ》に自白《じはく》か黙秘《もくひ》かをせまる「囚人《しゅうじん》のジレンマ」として知《し》られているパラドックスで

す。1950年《ねん》にアメリカの数学者《すうがくしゃ》のアルバート・タッカー（1905～1995）によって考案《こうあん》されたものです。

囚人《しゅうじん》のジレンマの状況《じょうきょう》は，黙秘《もくひ》か自白《じはく》，どちらを選択《せんたく》するにしても論理的《ろんりてき》にまちがっていない理由《りゆう》づけができてしまいます。そのため，どちらを選択《せんたく》するのがほんとうに合理的《ごうりてき》なのか判断《はんだん》がつかないのです。

考案《こうあん》から60年以上《ねんいじょう》たった現在《げんざい》でも，黙秘《もくひ》と自《じ》白《はく》のどちらがよいかについて，研究者《けんきゅうしゃ》の間《あいだ》で統《とう》一《いつ》した見解《けんかい》がない，真《しん》のパラドックスです。

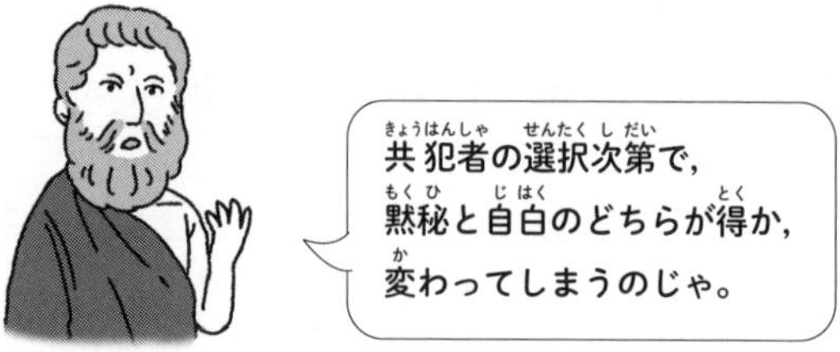

2 それぞれの選択《せんたく》と刑期《けいき》

容疑者《ようぎしゃ》も共犯者《きょうはんしゃ》も黙秘《もくひ》なら，2人《ふたり》とも刑期《けいき》は1年《ねん》となります。
容疑者《ようぎしゃ》も共犯者《きょうはんしゃ》も自白《じはく》なら，2人《ふたり》とも刑期《けいき》は5年《ねん》です。
容疑者《ようぎしゃ》が黙秘《もくひ》して共犯者《きょうはんしゃ》が自白《じはく》した場合《ばあい》，共犯者《きょうはんしゃ》は釈放《しゃくほう》されて，容疑者《ようぎしゃ》の刑期《けいき》が10年《ねん》となります。
逆《ぎゃく》に，容疑者《ようぎしゃ》が自白《じはく》して共犯者《きょうはんしゃ》が黙秘《もくひ》した場合《ばあい》，共犯者《きょうはんしゃ》の刑《けい》期《き》が10年《ねん》となり，容疑者《ようぎしゃ》は釈放《しゃくほう》されます。

		共犯者《きょうはんしゃ》	
		黙《もく》秘《ひ》	自《じ》白《はく》
容疑者《ようぎしゃ》	黙《もく》秘《ひ》	共犯者《きょうはんしゃ》：刑期《けいき》1年《ねん》 容疑者《ようぎしゃ》：刑期《けいき》1年《ねん》	共犯者《きょうはんしゃ》：釈放《しゃくほう》 容疑者《ようぎしゃ》：刑期《けいき》10年《ねん》
	自《じ》白《はく》	共犯者《きょうはんしゃ》：刑期《けいき》10年《ねん》 容疑者《ようぎしゃ》：釈放《しゃくほう》	共犯者《きょうはんしゃ》：刑期《けいき》5年《ねん》 容疑者《ようぎしゃ》：刑期《けいき》5年《ねん》

3 カードゲームで，囚人《しゅうじん》のジレンマを考《かんが》えよう

「協力《きょうりょく》」か「裏切《うらぎ》り」かの，かけ引《ひ》きをするゲーム

前《まえ》のページで紹介《しょうかい》した囚人《しゅうじん》のジレンマは，単《たん》純《じゅん》な損得《そんとく》のほかにも，道徳観《どうとくかん》がからんできます。そこで，似《に》たような状況《じょうきょう》を，「協力《きょうりょく》と裏切《うらぎ》りのゲーム」で考《かんが》えてみましょう。

このゲームは，「協力《きょうりょく》」か「裏切《うらぎ》り」かの，かけ引《ひ》きをするカードゲームです。自分《じぶん》と相手《あいて》のたがいの手元《てもと》には，協力《きょうりょく》と裏切《うらぎ》りの2枚《まい》のカードがあり，合図《あいず》と同時《どうじ》にどちらかのカードをテーブルに出《だ》します。そして出《だ》されたカードの組《く》み合《あ》わせに応《おう》じて，ゲームの主催者《しゅさいしゃ》から賞金《しょうきん》を受《う》け取《と》ります。

両者《りょうしゃ》とも協力《きょうりょく》を出《だ》せば，3万円《まんえん》ずつもらえる

カードの組《く》み合《あ》わせと賞金《しょうきん》の関係《かんけい》は，次《つぎ》のようなものです。

①両者《りょうしゃ》ともに協力《きょうりょく》を出《だ》した場合《ばあい》，両者《りょうしゃ》には主催《しゅさい》者《しゃ》から3万円《まんえん》ずつあたえられます。

②両者《りょうしゃ》とも裏切《うらぎ》りを出《だ》した場合《ばあい》，両者《りょうしゃ》には主催《しゅさい》者《しゃ》から1万円《まんえん》ずつあたえられます。

③一方《いっぽう》が協力《きょうりょく》，他方《たほう》が裏切《うらぎ》りを出《だ》した場合《ばあい》，裏《うら》切《ぎ》りを出《だ》したほうには5万円《まんえん》があたえられ，協力《きょうりょく》を出《だ》したほうには1円《えん》もあたえられません。

協力《きょうりょく》と裏切《うらぎ》り，どちらのカードを出《だ》すべきでしょうか。

3 協力《きょうりょく》と裏切《うらぎ》りのゲーム

自分《じぶん》も相手《あいて》も協力《きょうりょく》のカードを出《だ》したら，3万円《まんえん》ずつもらえます。自分《じぶん》が協力《きょうりょく》，相手《あいて》が裏切《うらぎ》りの場合《ばあい》は，自分《じぶん》は賞金《しょうきん》がゼロで，相手《あいて》は5万円《まんえん》をもらえます。自分《じぶん》が裏切《うらぎ》り，相手《あいて》が協力《きょうりょく》の場合《ばあい》は，自分《じぶん》は5万円《まんえん》をもらえ，相手《あいて》の賞金《しょうきん》はゼロです。自分《じぶん》も相手《あいて》も裏切《うらぎ》りの場合《ばあい》は，賞金《しょうきん》は1万円《まんえん》ずつとなります。

カードの組《く》み合《あ》わせと賞金《しょうきん》

		相手《あいて》	
		協《きょう》力《りょく》	裏切《うらぎ》り
自分《じぶん》	協《きょう》力《りょく》	相手《あいて》：3万円《まんえん》 自分《じぶん》：3万円《まんえん》	相手《あいて》：5万円《まんえん》 自分《じぶん》：0円《えん》
	裏切《うらぎ》り	相手《あいて》：0円《えん》 自分《じぶん》：5万円《まんえん》	相手《あいて》：1万円《まんえん》 自分《じぶん》：1万円《まんえん》

— 囚人《しゅうじん》のジレンマ —

4 裏切《うらぎ》りもいいし，協力《きょうりょく》もいい

最高賞金《さいこうしょうきん》は，裏切《うらぎ》りを出《だ》す場合《ばあい》だけもらえる

もしかしたら，あなたは裏切《うらぎ》りを出《だ》すのがよいと考《かんが》えるかもしれません。

このゲームの最高賞金《さいこうしょうきん》である5万円《まんえん》を手《て》に入《い》れられるのは，相手《あいて》が協力《きょうりょく》を出《だ》し，自分《じぶん》が裏切《うらぎ》りを出《だ》す場合《ばあい》だけです。相手《あいて》が協力《きょうりょく》を出《だ》してきた場合《ばあい》，自分《じぶん》が協力《きょうりょく》を出《だ》すなら3万円《まんえん》ですが，裏《うら》切《ぎ》りなら5万円《まんえん》をもらえます。それならば，より高額《こうがく》を手《て》に入《い》れられる裏切《うらぎ》りを出《だ》すほうが得策《とくさく》です。それに，相手《あいて》が裏切《うらぎ》りを出《だ》してきた場合《ばあい》，自《じ》分《ぶん》が協力《きょうりょく》を出《だ》したら1円《えん》ももらえません。しかし，自分《じぶん》が裏切《うらぎ》りを出《だ》していれば，1万円《まんえん》は獲得《かくとく》できます。

2人《ふたり》とも協力《きょうりょく》を出《だ》せば，賞金《しょうきん》の合計《ごうけい》が最大《さいだい》となる

　ところが，以下《いか》のように考《かんが》えることもできます。裏切《うらぎ》りを出《だ》すのが得策《とくさく》なら，相手《あいて》も同《おな》じことを考《かんが》えて裏切《うらぎ》りを出《だ》してくるでしょう。すると，両者《りょうしゃ》ともに1万円《まんえん》ずつしか得《え》られません。しかし，自分《じぶん》も相手《あいて》も協力《きょうりょく》を出《だ》せば，両者《りょうしゃ》とも3万《まん》円《えん》ずつもらえます。この場合《ばあい》，賞金《しょうきん》の合計金額《ごうけいきんがく》は6万円《まんえん》になり，プレーヤー全体《ぜんたい》の利益《りえき》が最大《さいだい》になります。

　協力《きょうりょく》と裏切《うらぎ》り，どちらも合理的《ごうりてき》な得策《とくさく》になり得《え》るのです。

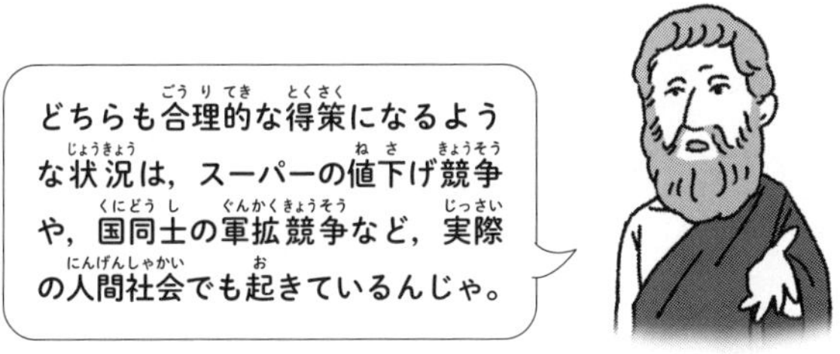

4 裏切《うらぎ》りも協力《きょうりょく》も合理的《ごうりてき》

裏切《うらぎ》りのカードを出《だ》すべきと考《かんが》えられる理由《りゆう》を，左《ひだり》ページの回《かい》答《とう》Aに示《しめ》しました。逆《ぎゃく》に協力《きょうりょく》を出《だ》すべきと考《かんが》えられる理由《りゆう》を，右《みぎ》ページの回答《かいとう》Bで示《しめ》しました。協力《きょうりょく》と裏切《うらぎ》り，どちらのカードを出《だ》すにしても，合理的《ごうりてき》な理由《りゆう》をそれぞれ考《かんが》えることができます。

回答《かいとう》A：裏切《うらぎ》りを出《だ》すべき

相手《あいて》が協力《きょうりょく》なら，最高額《さいこうがく》の5万円《まんえん》を得《え》ることができます。

相手《あいて》が裏切《うらぎ》りでも，1万円《まんえん》は得《え》られます。

回答《かいとう》B：協力《きょうりょく》を出《だ》すべき

相手《あいて》が協力《きょうりょく》なら，たがいに3万円《まんえん》を得《え》ます。
合計金額《ごうけいきんがく》は6万円《まんえん》で最大《さいだい》となります。

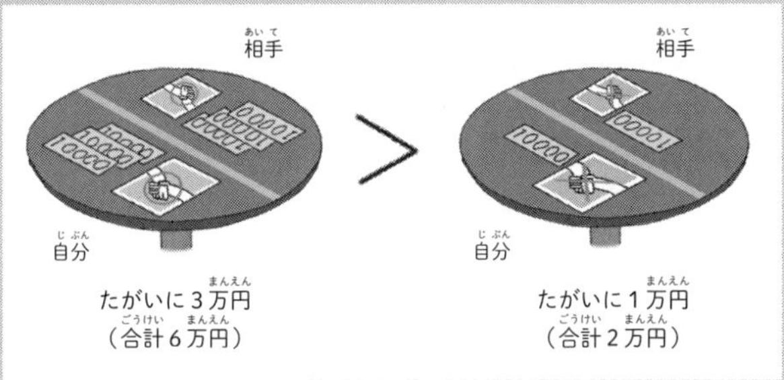

— 囚人《しゅうじん》のジレンマ —

5 自分《じぶん》からは裏切《うらぎ》らない，「しっぺ返《がえ》し戦略《せんりゃく》」

コンピューターどうしで戦《たたか》わせてみた

前《まえ》のページで紹介《しょうかい》した協力《きょうりょく》と裏切《うらぎ》りのゲームを，1回《かい》だけではなく，何度《なんど》もくりかえし行《おこな》うとします。最終的《さいしゅうてき》に自分《じぶん》がより多《おお》くの賞金《しょうきん》を得《え》るには，どんな戦略《せんりゃく》がいいのでしょうか。

1984年《ねん》，アメリカで，このくりかえしの協力《きょうりょく》と裏切《うらぎ》りのゲームを，コンピューターどうしで戦《たたか》わせるコンテストが開《ひら》かれました。**経済学《けいざいがく》や政治学《せいじがく》，心理学《しんりがく》などの専門家《せんもんか》が，独自《どくじ》の戦略《せんりゃく》をとるコンピュータープログラムをつくり，どんな戦略《せんりゃく》が最《もっと》も高額《こうがく》の賞金《しょうきん》を得《え》ることができるのかをきそったのです。**

5 しっぺ返《がえ》し戦略《せんりゃく》

協力《きょうりょく》と裏切《うらぎ》りのカードゲームで有効《ゆうこう》な，しっぺ返《がえ》し戦略《せんりゃく》をイラストでえがきました。1回目《かいめ》で自分《じぶん》は協力《きょうりょく》のカードを出《だ》します。2回目以降《かいめいこう》は，直前《ちょくぜん》の回《かい》で相手《あいて》が協力《きょうりょく》を出《だ》してきたら自分《じぶん》も協力《きょうりょく》を出《だ》します。直前《ちょくぜん》の回《かい》で相手《あいて》が裏切《うらぎ》りを出《だ》してきた場合《ばあい》には，自分《じぶん》も裏切《うらぎ》りを出《だ》します。

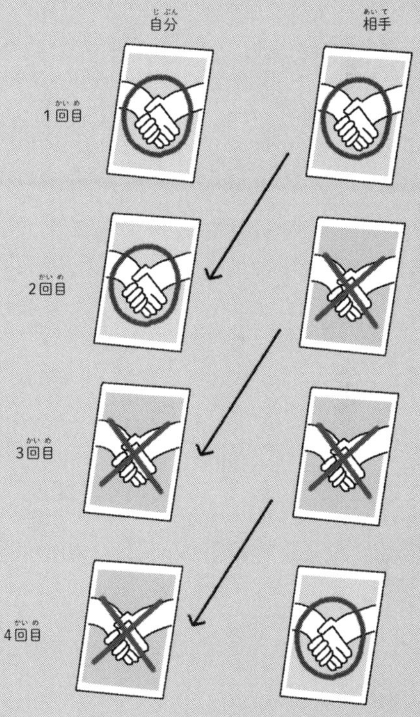

相手《あいて》が裏切《うらぎ》ってきたら，自分《じぶん》も次《つぎ》の回《かい》で裏切《うらぎ》る

その結果《けっか》，最《もっと》も有効《ゆうこう》だったのは，次《つぎ》のような単純《たんじゅん》な戦略《せんりゃく》でした。まず，はじめは協力《きょうりょく》のカードを出《だ》します。2回目以降《かいめいこう》は，前《まえ》の回《かい》で相手《あいて》が裏《うら》切《ぎ》ってきたら自分《じぶん》も裏切《うらぎ》り，相手《あいて》が協力《きょうりょく》してきたら自分《じぶん》も次《つぎ》の回《かい》は協力《きょうりょく》します。

この「しっぺがえし戦略《せんりゃく》」は，どんな場合《ばあい》でもつねに最強《さいきょう》というわけではありません。しかし，多《おお》くの戦略《せんりゃく》に対《たい》して有効《ゆうこう》な方法《ほうほう》であるとされています。

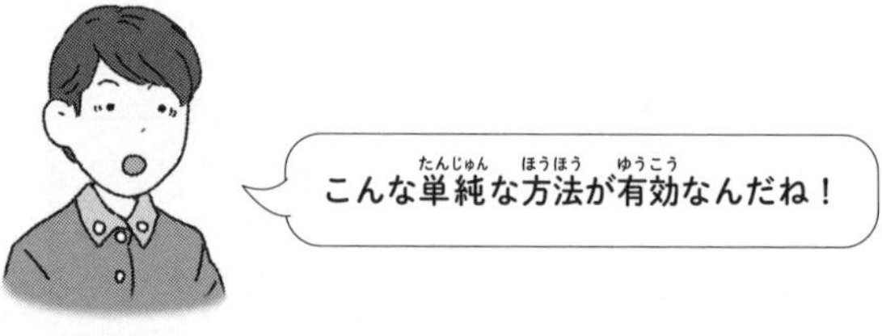

— 投票《とうひょう》のパラドックス —

6 ランチを多数決《たすうけつ》で決《き》めてみよう

投票《とうひょう》のやり方《かた》によっては，不合理《ふごうり》な結果《けっか》となる

私《わたし》たちはグループ間《かん》で何《なに》か物事《ものごと》を決《き》めるときに，しばしば「投票《とうひょう》」を行《おこな》います。投票《とうひょう》は，集団《しゅうだん》の意思決定《いしけってい》の手段《しゅだん》としてとてもわかりやすく，合《ごう》理的《りてき》なように思《おも》えます。民主主義《みんしゅしゅぎ》の代名詞《だいめいし》といってもいいでしょう。しかし投票《とうひょう》は，やり方《かた》によっては，不合理《ふごうり》な結果《けっか》がおきてしまうことがあります。

ここからは，投票《とうひょう》に関《かん》するパラドックスをいくつか紹介《しょうかい》していきましょう。

最初《さいしょ》の投票《とうひょう》は，「カレーとそばではどちらがいいか」

ある日《ひ》，3人《にん》の友人《ゆうじん》A，B，Cが，ランチを何《なに》にするか話《はな》し合《あ》っていました。ランチの候補《こうほ》は，カレー，そば，ラーメンの三《みっ》つです。そこで3人《にん》は，民主的《みんしゅてき》に多数決《たすうけつ》で決《き》めることにしました。

まず，「カレーとそばではどちらがいいか」で投票《とうひょう》したところ，カレー1票《ぴょう》，そば2票《ひょう》でそばが勝《か》ちました。次《つぎ》に「勝者《しょうしゃ》のそばとラーメンではどちらがいいか」で投票《とうひょう》した結果《けっか》，そば1票《ぴょう》，ラーメン2票《ひょう》でラーメンが勝《か》ちました。

3人《にん》はこの多数決《たすうけつ》の結果《けっか》にしたがって，ラーメン屋《や》でランチを楽《たの》しみました。何《なに》か問題《もんだい》があるでしょうか。

6 勝《か》ち抜《ぬ》き方式《ほうしき》の多数決《たすうけつ》

まず，カレーとそばの2択《たく》で投票《とうひょう》すると，カレー1票《ぴょう》，そば2票《ひょう》でそばが勝《か》ちました。勝者《しょうしゃ》のそばとラーメンの投票《とうひょう》では，そば1票《ぴょう》，ラーメン2票《ひょう》でラーメンが勝《か》ちました。結果《けっか》，最終的《さいしゅうてき》な勝者《しょうしゃ》はラーメンということになりました。

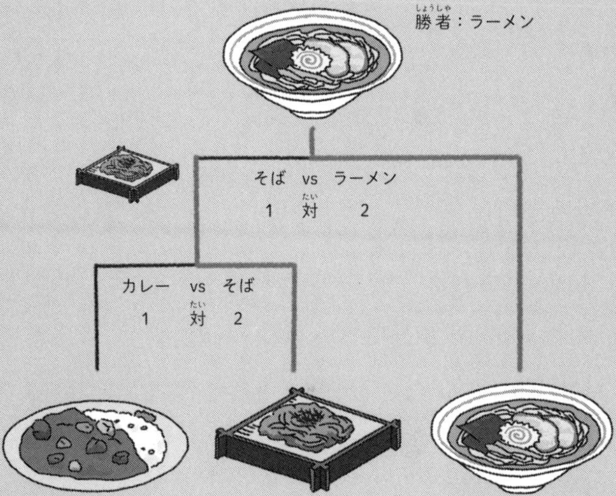

— 投票《とうひょう》のパラドックス —

7 多数決《たすうけつ》の落《お》とし穴《あな》！ 投票《とうひょう》の順番《じゅんばん》で順位《じゅんい》が変《か》わる

カレーもそばもラーメンも，勝者《しょうしゃ》になれる

前《まえ》のページの投票《とうひょう》は，一見《いっけん》すると民主的《みんしゅてき》な方《ほう》法《ほう》にみえます。しかし実《じつ》は重大《じゅうだい》な問題《もんだい》があります。たとえば，Aさんは「そば＞カレー＞ラーメン」，Bさんは「カレー＞ラーメン＞そば」，Cさんは「ラーメン＞そば＞カレー」の順番《じゅんばん》で食《た》べたいと思《おも》っていたとします。実《じつ》はこの場合《ばあい》，カレー，そば，ラーメン，いずれも勝者《しょうしゃ》になれるのです。

意思《いし》は変《か》わらないのに，結果《けっか》が変《か》わってしまう

　前《まえ》のページでの投票《とうひょう》では，まず最初《さいしょ》に「カレー対《たい》そば」を行《おこな》いました。これを変更《へんこう》して，最初《さいしょ》の対決《たいけつ》を「カレー対《たい》ラーメン」にしてみましょう。すると，カレー2票《ひょう》，ラーメン1票《ぴょう》でカレーが勝《か》ちます。そしてつづいて行《おこな》われる「勝者《しょうしゃ》のカレー対《たい》そば」で，カレー1票《ぴょう》，そば2票《ひょう》となり，最終《さいしゅう》的《てき》な勝者《しょうしゃ》はそばとなります。一方《いっぽう》，最初《さいしょ》の対決《たいけつ》を「そば対《たい》ラーメン」にすると，最終的《さいしゅうてき》な勝者《しょうしゃ》はカレーとなります。

　上記《じょうき》のような「勝《か》ち抜《ぬ》き方式《ほうしき》の多数決《たすうけつ》」の場《ば》合《あい》，集団《しゅうだん》の構成員《こうせいいん》の意思《いし》は変《か》わらないのに，投《とう》票《ひょう》を行《おこな》う順番《じゅんばん》によって結果《けっか》が変《か》わってしまうことがあるのです。

7 そばもカレーも勝《か》てる

A，B，Cの3人《にん》はそれぞれ，カレー，そば，ラーメンを，下《した》の表《ひょう》のような順位《じゅんい》で食《た》べたいと思《おも》っているとします。この場合《ばあい》，最初《さいしょ》の対決《たいけつ》の組《く》み合《あ》わせ次第《しだい》で，最終的《さいしゅうてき》な勝者《しょうしゃ》が変《か》わります。3人《にん》の考《かんが》えは変《か》わらないのに，そばもカレーも勝者《しょうしゃ》になれます。

お昼《ひる》に食《た》べたいものの順位《じゅんい》づけ

選択肢《せんたくし》／選《えら》ぶ人《ひと》	カレー 	そば 	ラーメン 
A	2	1	3
B	1	3	2
C	3	2	1

最初《さいしょ》に「カレー対《たい》ラーメン」の場合《ばあい》

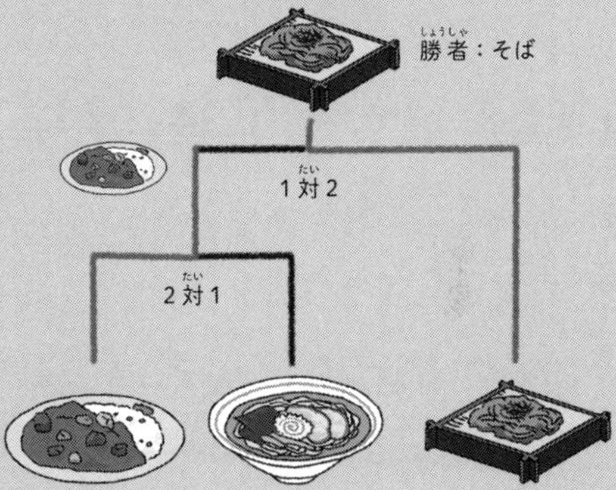

最初《さいしょ》に「そば対《たい》ラーメン」の場合《ばあい》

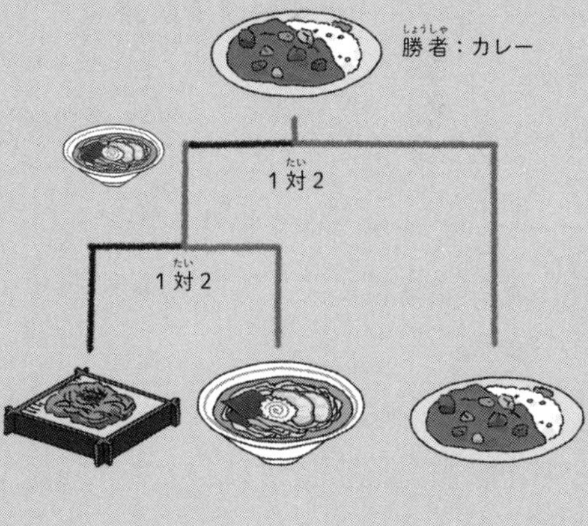

8 最《もっと》も食《た》べたくないものが，1位《い》になることも

最《もっと》も食《た》べたいもの1位《い》は，そば

前《まえ》のページでは，投票《とうひょう》の順番《じゅんばん》によって多数決《たすうけつ》の勝者《しょうしゃ》が変《か》わってしまう例《れい》を紹介《しょうかい》しました。一《いっ》方《ぽう》，多数決《たすうけつ》では，最《もっと》も良《よ》いと判断《はんだん》されるものが，最《もっと》も悪《わる》いと判断《はんだん》されるものと同《おな》じになってしまう例《れい》もあります。

7人《にん》の友人《ゆうじん》A，B，C，D，E，F，Gが，ランチを何《なに》にするか話《はな》し合《あ》っています。候補《こうほ》は，カレー，そば，ラーメンの三《みっ》つです。そこで，7人《にん》それぞれの「最《もっと》も食《た》べたいもの」について，多数決《たすうけつ》をとりました。すると，そばが3票《びょう》，カレーが2票《ひょう》，ラーメンが2票《ひょう》で，最《もっと》も支持《しじ》を集《あつ》めたのは，そばでした。

8　7人《にん》の食《た》べたいものの順序《じゅんじょ》

7人《にん》の食《た》べたいものの順序《じゅんじょ》を，下《した》の表《ひょう》に示《しめ》しました。多数決《たすうけつ》をとると，「最《もっと》も食《た》べたいもの」で選《えら》ばれるそばが，「最《もっと》も食《た》べたくないもの」でも選《えら》ばれてしまいます。

選択肢《せんたくし》／選《えら》ぶ人《ひと》	そば 	カレー 	ラーメン 
A	1	2	3
B	1	2	3
C	1	3	2
D	3	1	2
E	3	1	2
F	3	2	1
G	3	2	1

最《もっと》も食《た》べたいものの多数派《たすうは》は，
3票《ひょう》を獲得《かくとく》するそば

勝者《しょうしゃ》

最《もっと》も食《た》べたくないものの多数派《たすうは》も，
4票《ひょう》を獲得《かくとく》するそば

敗者《はいしゃ》

多数決《たすうけつ》で合理的《ごうりてき》に決《き》めたはずなのに，そばを食《た》べることになってがっかりする人《ひと》が4人《にん》もいるカメ。

最《もっと》も食《た》べたくないもの1位《い》も，そば

Aさんから G さんまで，7人《にん》の食《た》べたいものの順序《じゅんじょ》をまとめると，51ページの表《ひょう》のようになります。最《もっと》も食《た》べたいものの多数決《たすうけつ》を行《おこな》えば，そばが3票《びょう》を獲得《かくとく》して選《えら》ばれることがわかるでしょう。では次《つぎ》に，「最《もっと》も食《た》べたくないもの」を多数《たすう》決《けつ》で選《えら》んでみましょう。**なんと，最《もっと》も食《た》べたいものに選《えら》ばれたそばが，4票《ひょう》を獲得《かくとく》して選《えら》ばれてしまうのです。**

このように，各投票者《かくとうひょうしゃ》が合理的《ごうりてき》な判断《はんだん》のもとで投票《とうひょう》を行《おこな》ったのに，不合理《ふごうり》な投票結果《とうひょうけっか》が発生《はっせい》することがあります。

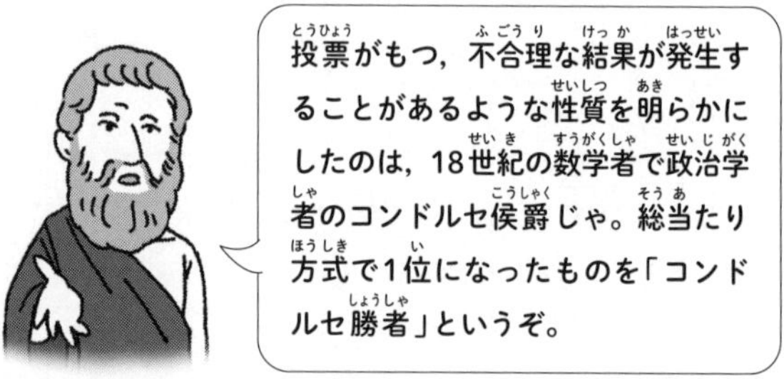

— うそつきのパラドックス —

9　「全員《ぜんいん》うそつき」という発言《はつげん》のパラドックス

実《じつ》はエピメニデス自身《じしん》も，クレタ島民《とうみん》だった

古代《こだい》ギリシアの預言者《よげんしゃ》エピメニデス（生没年不《せいぼつねんふ》詳《しょう》）が，次《つぎ》のような発言《はつげん》をしたといういい伝《つた》えがあります。

「すべてのクレタ島民《とうみん》は，うそつきである」。

ここで問題《もんだい》となるのは，実《じつ》はエピメニデス自身《じしん》もクレタ島民《とうみん》であるということです。

発言《はつげん》がほんとうなら，エピメニデスもうそつき

エピメニデスの発言《はつげん》がほんとうで，クレタ島民《とうみん》は全員《ぜんいん》うそつきであるとしましょう。すると，クレタ島民《とうみん》であるエピメニデスもうそつきということ

とになります。しかし，「すべてのクレタ島民《とうみん》は，うそつきである」という発言《はつげん》は，うそつきのエピメニデスがしたものです。うそつきのエピメニデスが発言《はつげん》したのならば，エピメニデスの発言《はつげん》はうそになってしまいます。**つまり，はじめにエピメニデスの発言《はつげん》がほんとうだとしたことと，矛盾《むじゅん》してしまいます。**

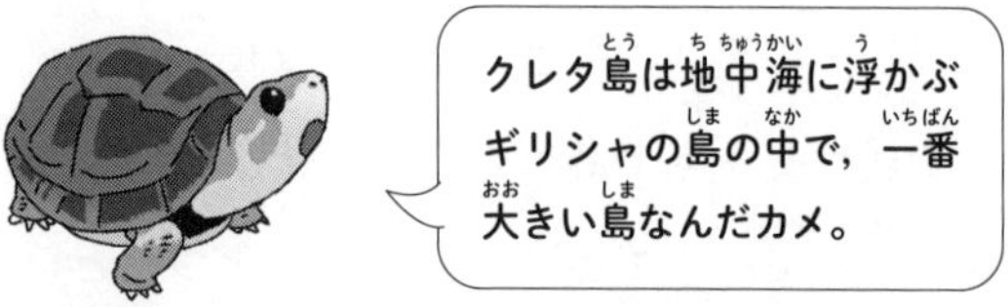

9 エピメニデスの発言《はつげん》の矛盾《むじゅん》

エピメニデスの発言《はつげん》を，順《じゅん》を追《お》って考《かんが》えていくと，矛盾《むじゅん》が生《しょう》じることに気《き》づきます。矛盾《むじゅん》に気《き》づくまでの思考《しこう》の流《なが》れを，フローチャート（流《なが》れ図《ず》）にあらわしました。

前提《ぜんてい》：エピメニデスは，クレタ島民《とうみん》である

エピメニデス
（生没年不詳《せいぼつねんふしょう》）

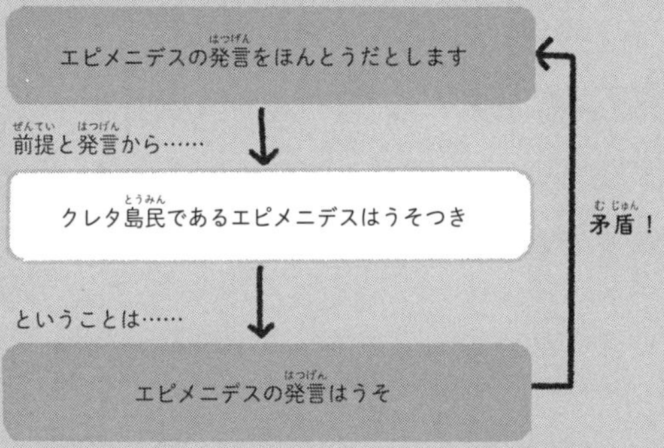

— うそつきのパラドックス —

10 エピメニデスの発言《はつげん》は，ほんとうなのか，うそなのか

発言《はつげん》がうそだとしても，矛盾《むじゅん》が発生《はっせい》

今度《こんど》は，前《まえ》のページで紹介《しょうかい》したエピメニデスの発言《はつげん》が，うそだとしましょう。それはつまり，「クレタ島民《とうみん》は，必《かなら》ずしも全員《ぜんいん》うそつきであるとは限《かぎ》らない」ということです。クレタ島民《とうみん》が必《かなら》ずしも全員《ぜんいん》うそつきであるとは限《かぎ》らないということは，クレタ島民《とうみん》であるエピメニデスも，正直者《しょうじきもの》である可能性《かのうせい》があるということになります。**するとやはり，最初《さいしょ》にエピメニデスの発言《はつげん》がうそだとしたことと，矛盾《むじゅん》する可能性《かのうせい》があることになってしまいます。**

10 「私《わたし》はうそつき」の矛盾《むじゅん》

「私《わたし》はうそつきである」という発言《はつげん》の矛盾《むじゅん》に気《き》づくまでの思考《しこう》の流《なが》れを，フローチャート（流《なが》れ図《ず》）にあらわしました。左下《ひだりした》は発言《はつげん》がほんとうだとした場合《ばあい》の思考《しこう》の流《なが》れ，右下《みぎした》は発言《はつげん》がうそだとした場合《ばあい》の思考《しこう》の流《なが》れです。

発言《はつげん》がほんとうだとすると…

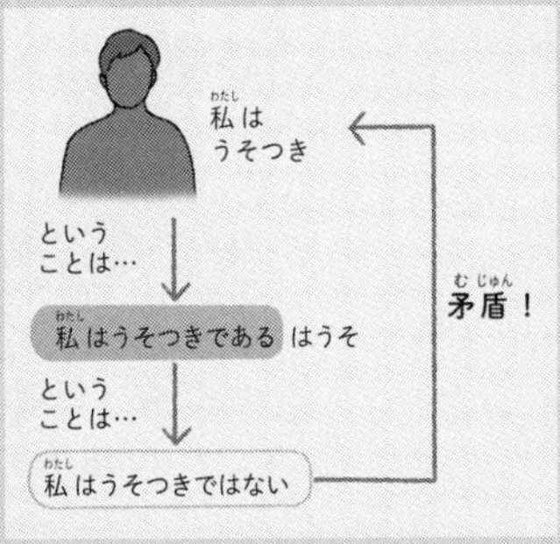

発言《はつげん》がうそだとすると…

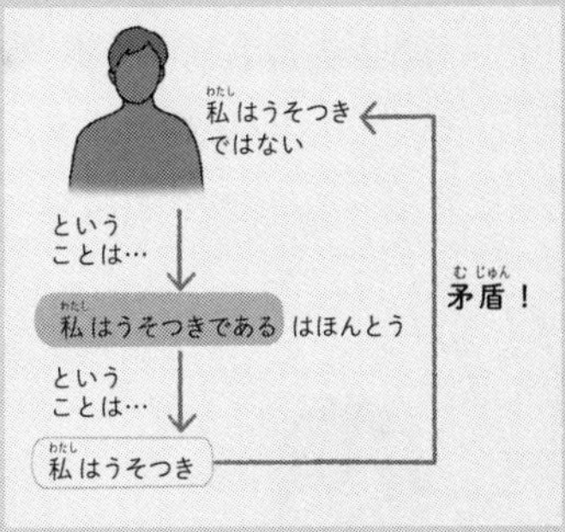

いずれにしても，矛盾《むじゅん》が生《しょう》じてしまう

結局《けっきょく》，クレタ島民《とうみん》はうそつきなのでしょうか。それとも正直者《しょうじきもの》なのでしょうか。

もっと単純《たんじゅん》に，「私《わたし》はうそつきである」という発言《はつげん》を考《かんが》えてみましょう。この発言《はつげん》がほんとうだとすると，私《わたし》は申告通《しんこくどお》り「うそつき」ということになるので，発言《はつげん》はうそということになります。逆《ぎゃく》にこの発言《はつげん》がうそだとすると，私《わたし》は申告《しんこく》とは逆《ぎゃく》に「うそつきではない」ということになるので，発言《はつげん》はほんとうということになります。

いずれにしても，矛盾《むじゅん》が生《しょう》じてしまうのです。

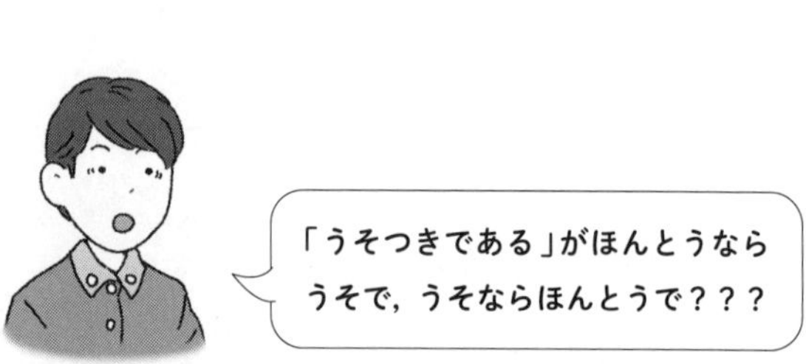

— うそつきのパラドックス —

11 うそつき天使《てんし》と正直天使《しょうじきてんし》から，天国《てんごく》への道《みち》を聞《き》く

分岐点《ぶんきてん》にいる2人《ふたり》の天使《てんし》に，1回《かい》だけ質問《しつもん》できる

いまあなたが，死《し》んで天国《てんごく》へ行《い》く道《みち》をさがして歩《ある》いているとします。あなたは，道《みち》が二手《ふたて》に別《わか》れている分岐点《ぶんきてん》にやってきました。道《みち》のどちらかは天国《てんごく》に，どちらかは地獄《じごく》に通《つう》じています。しかし，どちらが天国行《てんごくい》きの道《みち》かはわかりません。

分岐点《ぶんきてん》には，2人《ふたり》の天使《てんし》がいます。この天使《てんし》たちは，天国《てんごく》に通《つう》じる道《みち》を知《し》っています。**あなたは，天国《てんごく》への道《みち》がどちらなのかを知《し》るために，その天使《てんし》たちに1回《かい》だけ質問《しつもん》することができます。**

2人《ふたり》が同《おな》じ返事《へんじ》をするような質問《しつもん》を投《な》げかける

2人《ふたり》の天使《てんし》のうちの1人《ひとり》は，正直者《しょうじきもの》でほんとうのことしかいいません。しかしもう1人《ひとり》は，うそつきでうそしかいわないといいます。2人《ふたり》のどちらが正直者《しょうじきもの》の天使《てんし》で，どちらがうそつきの天使《てんし》なのかはわかりません。そしてどちらの天使《てんし》も，「イエス」か「ノー」としか返事《へんじ》をしないといいます。

さて，あなたが天国《てんごく》への道《みち》を知《し》るためには，天《てん》使《し》たちにどのような質問《しつもん》をすればよいのでしょうか。**ポイントは，うそつきの天使《てんし》が，正直者《しょうじきもの》の天使《てんし》と同《おな》じ返事《へんじ》をするような質問《しつもん》を投《な》げかけることです。**

11 天国《てんごく》と地獄《じごく》の分岐点《ぶんきてん》

イラストは，天国《てんごく》と地獄《じごく》の分岐点《ぶんきてん》のイメージです。分岐点《ぶんきてん》でこちらを向《む》いて立《た》っているのが，正直者《しょうじきもの》とうそつきの2人《ふたり》の天使《てんし》です。1回《かい》だけ，2人《ふたり》の天使《てんし》に質問《しつもん》することができます。

12 うそつき天使《てんし》は，何《なに》が何《なん》でもうそをつく

「イエスと答《こた》えますか」と問《と》いかける

前《ぜん》ページの問題《もんだい》の正解《せいかい》を紹介《しょうかい》しましょう。あなたはどちらかの道《みち》を指《ゆび》さし，天使《てんし》たちに向《む》かって，「『この道《みち》が天国《てんごく》に通《つう》じる道《みち》か』という質問《しつもん》に対《たい》して，あなたはイエスと答《こた》えますか」と問《と》いかければいいのです。

この問《と》いかけに対《たい》して，もし指《ゆび》さした道《みち》が天国《てんごく》に通《つう》じていたら，正直者《しょうじきもの》の天使《てんし》は「イエス」と答《こた》えます。そしてうそつきの天使《てんし》も，「イエス」と答《こた》えます。

うそつき天使《てんし》は，「イエス」と答《こた》えざるをえない

うそつきの天使《てんし》は，常《つね》にうその答《こたえ》を答《こた》えなければいけません。問《と》いかけに「ノー」と答《こた》えてしまったら，「イエスと答《こた》えません」という意味《いみ》の，ほんとうの答《こたえ》になってしまいます。うその答《こたえ》を答《こた》えるには，「イエス」と答《こた》える必要《ひつよう》があるのです。

もし指《ゆび》さした道《みち》が地獄《じごく》に通《つう》じていても，同《おな》じ理《り》由《ゆう》から，正直者《しょうじきもの》の天使《てんし》もうそつきの天使《てんし》も「ノー」と答《こた》えます。こうしてあなたは，迷《まよ》うことなく天国《てんごく》への道《みち》を知《し》ることができるのです。

12 うそつき天使《てんし》のうその答《こたえ》

1. 指《ゆび》さした道《みち》が天国《てんごく》に通《つう》じていた場合《ばあい》

あなた：
「『この道《みち》が天国《てんごく》に通《つう》じる道《みち》か』という質問《しつもん》に対《たい》して，
あなたはイエスと答《こた》えますか？」

うそつき天使《てんし》：
「ノー」（イエスと答《こた》えないですよ）
→ 真実《しんじつ》を語《かた》ることになります

うそつき天使《てんし》：
「イエス」（イエスと答《こた》えますよ）
→ うそをついたことになります

うそつき天使《てんし》はうそしかいわないので，

うそつき天使《てんし》：
「イエス」（正直者《しょうじきもの》の天使《てんし》と同《おな》じ答《こたえ》！）

2. 指《ゆび》さした道《みち》が地獄《じごく》に通《つう》じていた場合《ばあい》

あなた：
「『この道《みち》が天国《てんごく》に通《つう》じる道《みち》か』という質問《しつもん》に対《たい》して，
あなたはイエスと答《こた》えますか？」

うそつき天使《てんし》：
　「イエス」（イエスと答《こた》えますよ）
　　→ 真実《しんじつ》を語《かた》ることになります

うそつき天使《てんし》：
　「ノー」（イエスと答《こた》えないですよ）
　　→ うそをついたことになります

うそつき天使《てんし》はうそしかいわないので，

うそつき天使《てんし》：
　「ノー」（正直者《しょうじきもの》の天使《てんし》と同《おな》じ答《こたえ》！）

13 父《ちち》の機転《きてん》で，人食《ひとく》いワニから子供《こども》を救《すく》え！

ワニの行動《こうどう》を予測《よそく》できたら，子供《こども》は返《かえ》される

ある日《ひ》，父親《ちちおや》とその子供《こども》が川《かわ》にボート遊《あそ》びに来《き》ていました。子供《こども》がボートから降《お》りて川《かわ》で泳《およ》いでいると，そこに人食《ひとく》いワニがあらわれました。そして人食《ひとく》いワニは，父親《ちちおや》にこう告《つ》げました。「おれがこれから何《なに》をするか予測《よそく》できたら，子供《こども》を無《ぶ》事《じ》に返《かえ》してやろう。ただし予測《よそく》できなかったら子《こ》供《ども》を食《く》う」。

そこで父親《ちちおや》はしばらく考《かんが》えて，こう答《こた》えました。「お前《まえ》はその子《こ》を食《く》うだろう」。

ワニは，身動《みうご》きがとれなくなった

この父親《ちちおや》の答《こた》えを聞《き》いたワニが，「その通《とお》り！」といって子供《こども》を食《た》べようとしたとします。すると，これは父親《ちちおや》の予測通《よそくどお》りということになり，ワニは子供《こども》を返《かえ》さなくてはなりません。

それに気《き》づいたワニが，「やっぱり子供《こども》を返《かえ》そう」といったとします。その場合《ばあい》，これは父親《ちちおや》の予測《よそく》が外《はず》れているので子供《こども》を返《かえ》せなくなってしまいます。

こうしてワニは，食《た》べようと思《おも》えば返《かえ》さないといけなくなり，返《かえ》そうと思《おも》えば食《た》べなければならなくなり，身動《みうご》きがとれなくなってしまったのです。

この話《はなし》は，イギリスの数学者《すうがくしゃ》で論理学者《ろんりがくしゃ》のルイス・キャロル（1832～1898）が創作《そうさく》したものです。

13 ワニがおちいったジレンマ

自分《じぶん》の行動《こうどう》を予測《よそく》できたら子供《こども》を返《かえ》すという人食《ひとく》いワニに対《たい》して，父親《ちちおや》は「お前《まえ》はその子《こ》を食《く》うだろう」と答《こた》えました。ワニが子供《こども》を食《た》べようとした場合《ばあい》の結果《けっか》と，ワニが子供《こども》を返《かえ》そうとした場合《ばあい》の結果《けっか》をえがきました。

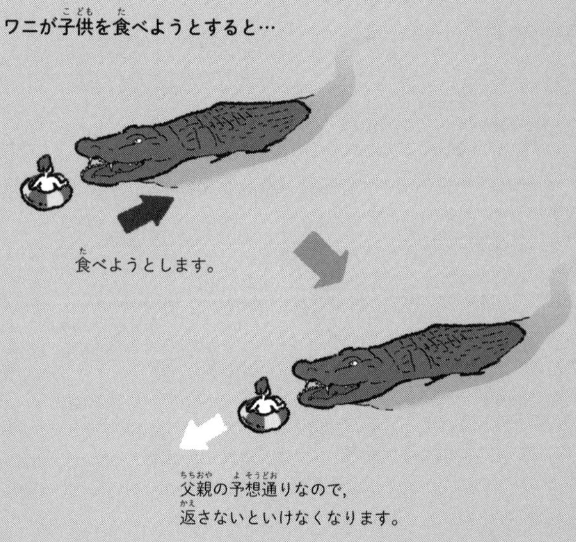

ワニが子供《こども》を返《かえ》そうとすると…

父親《ちちおや》の予測《よそく》が外《はず》れているので，
食《た》べなければならなくなります。

ワニは口《くち》を開《あ》けるのが苦手《にがて》

大《おお》きな口《くち》で獲物《えもの》をおそって食《た》べるワニ。ワニの噛《か》む力《ちから》は，動物界《どうぶつかい》で最強《さいきょう》クラスです。大型《おおがた》の個体《こたい》の噛《か》む力《ちから》は，1平方《へいほう》センチメートルあたり数百《すうひゃく》キログラムに達《たっ》するともいわれています。

ところが意外《いがい》なことに，ワニが口《くち》を開《あ》ける力《ちから》は，それほど強《つよ》いわけではないようです。テレビのニュースなどで，捕獲《ほかく》されたワニが口《くち》にビニールテープを巻《ま》きつけられて，口《くち》を開《あ》けられなくなっているのを見《み》たことがある人《ひと》もいるのではないでしょうか。海外《かいがい》の自然公園《しぜんこうえん》では，カニが小型《こがた》のワニの閉《と》じた口《くち》をハサミではさんで，撃退《げきたい》するようすが撮影《さつえい》されています。

とはいっても，ワニが口《くち》を開《あ》ける力《ちから》が弱《よわ》いというのは，噛《か》む力《ちから》と比較《ひかく》したときの話《はなし》です。大型《おおがた》のワニともなれば，成人男性数人《せいじんだんせいすうにん》がかりで，やっと口《くち》を拘束《こうそく》することができます。ワニの大《おお》きな口《くち》は，けっしてだてではありません。

博士《はかせ》！教《おし》えて!!

テセウスの船《ふね》って何《なに》？

「テセウスの船《ふね》」というパラドックスを，知《し》っておるかの？

知《し》りません。どういう話《はなし》ですか？

昔《むかし》，テセウスという英雄《えいゆう》がいて，英雄《えいゆう》が乗《の》った船《ふね》は大切《たいせつ》に保存《ほぞん》されていたんじゃ。でもやがて，古《ふる》い木《き》の板《いた》が腐《くさ》ってしまった。それで，どうしたと思《おも》うかね？

うーん，修理《しゅうり》したんですか？

うむ。新《あたら》しい木《き》の板《いた》と交換《こうかん》して修理《しゅうり》したんじゃ。じゃが，時《とき》がたつにつれて，ほかの木《き》の板《いた》も腐《くさ》っていった。そのたびに交換《こうかん》をくりかえしていたら，最終的《さいしゅうてき》にすべてが新《あたら》しい木《き》の板《いた》に入《い》れかわってしまった。さて，新《あたら》しい木《き》の板《いた》でできた船《ふね》は，元《もと》の船《ふね》と同《おな》じといえるのじゃろうか。

えー！　それはもう別《べつ》の船《ふね》ですね。

答《こたえ》は，船《ふね》の何《なに》に着目《ちゃくもく》するかでかわってくるんじゃ。船《ふね》の材料《ざいりょう》か，テセウスが乗《の》ったかどうか，誰《だれ》がつくったのかなどじゃな。

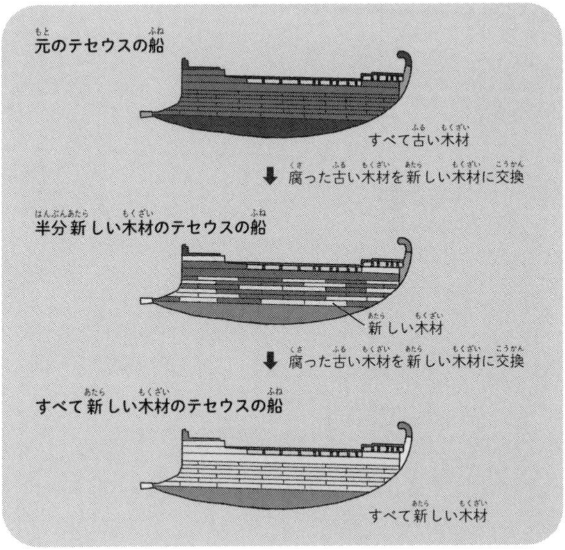

第《だい》2章《しょう》

数学《すうがく》のパラドックス

パラドックスには，数学《すうがく》の分野《ぶんや》に関係《かんけい》が深《ふか》いものがたくさんあります。ここではそのようなパラドックスを「数学《すうがく》のパラドックス」とよぶことにしましょう。第《だい》2章《しょう》では，代表的《だいひょうてき》な数学《すうがく》のパラドックスである，「確《かく》率《りつ》のパラドックス」と「無限《むげん》のパラドックス」を紹介《しょうかい》しましょう。

— 確率《かくりつ》のパラドックス —

1 オス猫《ねこ》とメス猫《ねこ》は，何匹《なんびき》ずつ生《う》まれてくるのか

オスとメスが生《う》まれたら，部屋《へや》をわけたい

家《いえ》で飼《か》っている猫《ねこ》から，4匹《ひき》の子猫《こねこ》が生《う》まれるとしましょう。

もし，オスとメスの両方《りょうほう》が生《う》まれたら，あなたはオス子猫用《こねこよう》とメス子猫用《こねこよう》の二《ふた》つの部屋《へや》を用意《ようい》するつもりです。それぞれの部屋《へや》をどのくらいの大《おお》きさにするのかを考《かんが》えなければならないあなたにとって，オス猫《ねこ》とメス猫《ねこ》が何匹《なんびき》ずつ生《う》まれてくるのかは，とても気《き》になるところです。

1 直感的《ちょっかんてき》には1：1

4匹《ひき》の子猫《こねこ》が生《う》まれてくるとして，子猫《こねこ》の性別《せいべつ》の割《わり》合《あい》が1：1となる状況《じょうきょう》をえがきました。1：1になるのは，オス2匹《ひき》，メス2匹《ひき》の場合《ばあい》です。

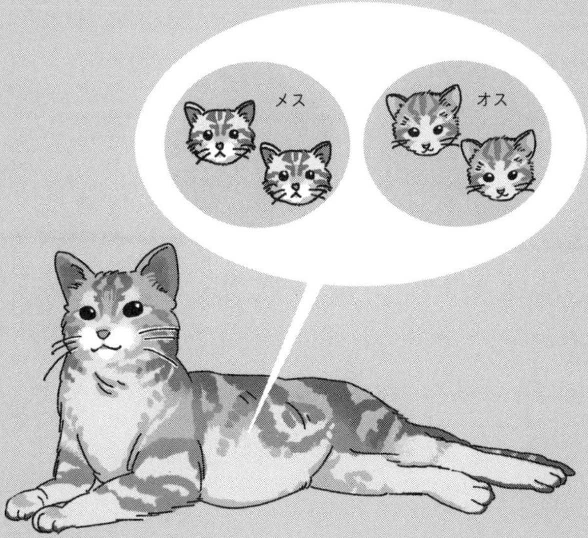

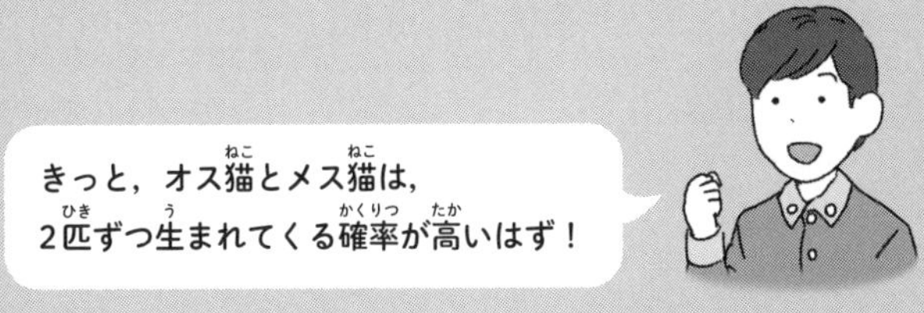

1匹《ぴき》の猫《ねこ》の性別《せいべつ》は，オスもメスも$\frac{1}{2}$の確率《かくりつ》

生《う》まれてきた子猫《こねこ》たちのオスとメスの組《く》み合《あ》わせとしては，「すべてがオス（メス）」「3匹《びき》がオス（メス）で1匹《ぴき》がメス（オス）」「オスとメスが2匹《ひき》ずつ」というパターンがありえます。

1匹《ぴき》の猫《ねこ》がオスとして生《う》まれる確率《かくりつ》，そしてメスとして生《う》まれる確率《かくりつ》はともに$\frac{1}{2}$です。このことから，あなたはこう考《かんが》えるのではないでしょうか。「オスとメスが1：1の比率《ひりつ》で生《う》まれてくるというパターンが，最《もっと》もおきそうなパターンではないだろうか。つまり，4匹《ひき》の子猫《こねこ》のうち，オス猫《ねこ》が2匹《ひき》，メス猫《ねこ》が2匹《ひき》ずつ生《う》まれてくる可《か》能性《のうせい》が高《たか》い」。

はたして，この直感《ちょっかん》は当《あ》たっているのでしょうか。

— 確率《かくりつ》のパラドックス —

2　4匹《ひき》の子猫《こねこ》の性別《せいべつ》の割合《わりあい》は，1：1になりづらい

オスとメスが1：1で生《う》まれてくる確率《かくりつ》は，$\frac{6}{16}$

4匹《ひき》の子猫《こねこ》をそれぞれA，B，C，Dと名《な》づけ，それぞれがオスである可能性《かのうせい》，メスである可能性《かのうせい》について，すべての組《く》み合《あ》わせを表《ひょう》に書《か》きだしてみましょう（81ページ）。1匹《ぴき》の子猫《こねこ》について，オスかメスかの2通《とお》りの可能性《かのうせい》があり，子猫《こねこ》は4匹《ひき》いるので，全部《ぜんぶ》で24通《とお》り，すなわち16通《とお》りの組《く》み合《あ》わせがあります。

表《ひょう》をみればわかるように，オスとメスが1：1で生《う》まれてくる組《く》み合《あ》わせは6通《とお》りあります。すべての組《く》み合《あ》わせ16通《とお》りのうち，1：1の組《く》み合《あ》わせ6通《とお》りがおきうる確率《かくりつ》は，$\frac{6}{16}$です。

3：1の割合《わりあい》で生《う》まれてくる確率《かくりつ》のほうが高《たか》い

一方《いっぽう》，オスとメス（またはメスとオス）が3：1で生《う》まれてくる組《く》み合《あ》わせは，8通《とお》りあります。つまり，この組《く》み合《あ》わせがおきる確率《かくりつ》は，$\frac{8}{16}$です。

直感《ちょっかん》に反《はん》して，オスとメスが1：1で生《う》まれてくる確率《かくりつ》よりも，オスとメス（またはメスとオス）が3：1の割合《わりあい》で生《う》まれてくる確率《かくりつ》のほうが高《たか》くなるのです。

2 オスとメスの組《く》み合《あ》わせ

4匹《ひき》の子猫《こねこ》A，B，C，Dの性別《せいべつ》が，どのような組《く》み合《あ》わせになるかをイラストにあらわしました。最《もっと》も多《おお》い組《く》み合《あ》わせは，オスとメス（またはメスとオス）が3：1で生《う》まれてくる組《く》み合《あ》わせで，8通《とお》りです。

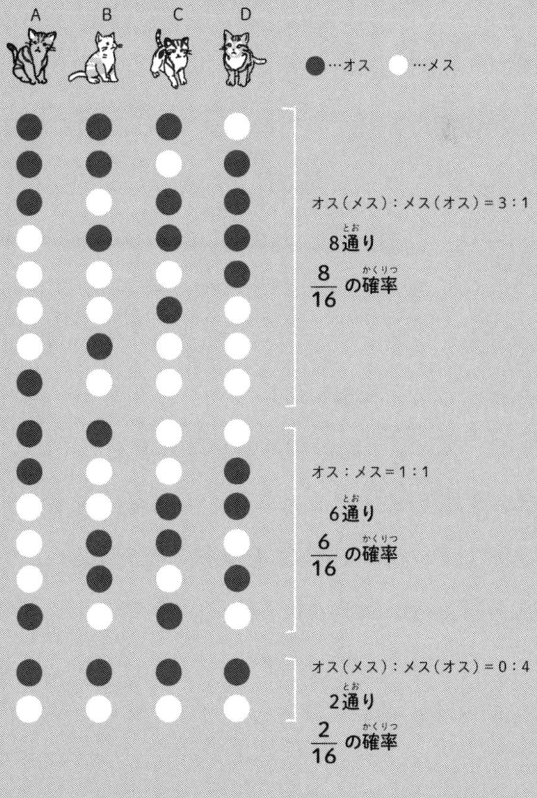

— 確率《かくりつ》のパラドックス —

3 看守《かんしゅ》の情報《じょうほう》から，囚人《しゅうじん》保釈《ほしゃく》の確率《かくりつ》を考《かんが》えてみよう！

3人《にん》のうち2人《ふたり》が処刑《しょけい》，1人《ひとり》が釈放《しゃくほう》

伝説《でんせつ》の宝《たから》のありかを知《し》る犯罪《はんざい》グループの3人《にん》の犯人《はんにん》A，B，Cが，全員逮捕《ぜんいんたいほ》されました。3人《にん》は当《とう》初《しょ》，これまでの凶悪犯罪《きょうあくはんざい》の罪《つみ》で，全員処刑《ぜんいんしょけい》される予定《よてい》でした。ところがその後《ご》，宝《たから》のありかを白状《はくじょう》することを条件《じょうけん》に，3人《にん》のうちの1人《ひとり》が釈放《しゃくほう》されることになりました。

3人《にん》のうち誰《だれ》が釈放《しゃくほう》されるかは，すでにくじ引《び》きで決《き》めてあるといいます。しかし犯人《はんにん》たちは，釈放《しゃくほう》されるのが誰《だれ》であるかを知《し》りません。この場合《ばあい》，犯人《はんにん》Aが釈放《しゃくほう》される確率《かくりつ》は$\frac{1}{3}$です。

3 犯人《はんにん》Aに対《たい》する看守《かんしゅ》の答《こた》え

犯人《はんにん》Aに対《たい》する看守《かんしゅ》の答《こたえ》のパターンを，円《えん》グラフにまとめました。Aが釈放《しゃくほう》されることが決《き》まっている場合《ばあい》，看守《かんしゅ》が「Bが処《しょ》刑《けい》される」というか「Cが処刑《しょけい》される」というかは，$\frac{1}{2}$の確率《かくりつ》です。B（C）が釈放《しゃくほう》される場合《ばあい》，看守《かんしゅ》は必《かなら》ず「C（B）が処刑《しょけい》される」といいます。

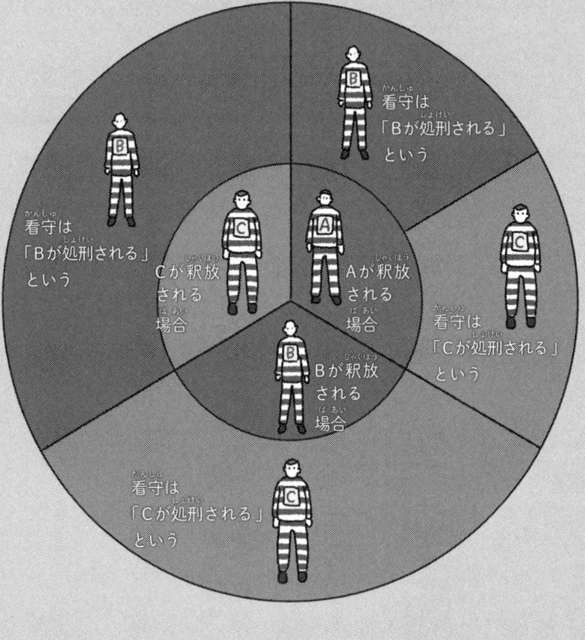

犯人《はんにん》Aは，釈放《しゃくほう》の確率《かくりつ》が$\frac{1}{2}$になったと喜《よろこ》んだ

犯人《はんにん》Aは看守《かんしゅ》に，「おれは処刑《しょけい》されるのか？」とたずねたものの，看守《かんしゅ》は「それは秘密《ひみつ》だ」と答《こた》えるのみです。そこで犯人《はんにん》Aは看守《かんしゅ》に，「せめてB，Cのどちらが処刑《しょけい》されるかを教《おし》えてくれ」といいました。すると看守《かんしゅ》は，「Bは処刑《しょけい》される」と答《こた》えました。

犯人《はんにん》Aは，処刑《しょけい》されるのは犯人《はんにん》AかCのどちらか1人《ひとり》，つまり自分《じぶん》が釈放《しゃくほう》される確率《かくりつ》が$\frac{1}{2}$になったと喜《よろこ》びました。

はたしてこの解釈《かいしゃく》は，正《ただ》しいでしょうか。

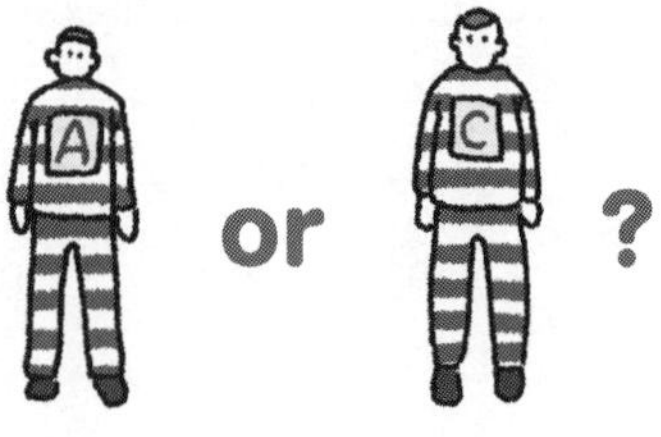

— 確率《かくりつ》のパラドックス —

4 囚人《しゅうじん》のぬか喜《よろこ》び。釈放《しゃくほう》の確率《かくりつ》は変化《へんか》しない

Aが処刑《しょけい》されるかどうかは，Aには秘密《ひみつ》

まず最初《さいしょ》に，83ページのグラフを見《み》ながら，犯人《はんにん》Aが釈放《しゃくほう》される身《み》であった場合《ばあい》を考《かんが》えましょう。この場合《ばあい》，BとCは2人《ふたり》とも処刑《しょけい》されます。したがって，看守《かんしゅ》がAに「Bは処刑《しょけい》される」という確率《かくりつ》と，「Cは処刑《しょけい》される」という確率《かくりつ》は，$\frac{1}{2}$ずつとみなせます。

一方《いっぽう》，Bが釈放《しゃくほう》される場合《ばあい》は，Aが処刑《しょけい》されるかどうかは秘密《ひみつ》なので，看守《かんしゅ》は「Cが処刑《しょけい》される」としか答《こた》えられません。Cが釈放《しゃくほう》される場合《ばあい》も同様《どうよう》に，看守《かんしゅ》は「Bが処刑《しょけい》される」としか答《こた》えられません。

Aが釈放《しゃくほう》される確率《かくりつ》は，依然《いぜん》として$\frac{1}{3}$

さて，看守《かんしゅ》はAに，「Bが処刑《しょけい》される」といいました。今度《こんど》は，83ページのグラフと右《みぎ》のグラフをくらべてください。**看守《かんしゅ》がAに「Bが処刑《しょけい》される」と教《おし》えるパターンは，Cが釈放《しゃくほう》される場合《ばあい》のすべてと，Aが釈放《しゃくほう》される場合《ばあい》の半分《はんぶん》であることがわかります。**

つまり，看守《かんしゅ》がAに「Bが処刑《しょけい》される」といった場合《ばあい》，Cが釈放《しゃくほう》される確率《かくりつ》が$\frac{2}{3}$で，Aが釈放《しゃくほう》される確率《かくりつ》は依然《いぜん》として$\frac{1}{3}$しかないのです。

釈放《しゃくほう》される確率《かくりつ》が上《あ》がったと喜《よろこ》んだのは，ぬか喜《よろこ》びだったということになります。

4 答《こたえ》が「Bが処刑《しょけい》」の場合《ばあい》

83ページの円《えん》グラフから，看守《かんしゅ》が「Bが処刑《しょけい》される」という場《ば》合《あい》を抜《ぬ》きだしたものです。Cが釈放《しゃくほう》される確率《かくりつ》が$\frac{2}{3}$，Aが釈放《しゃくほう》される確率《かくりつ》が$\frac{1}{3}$です。

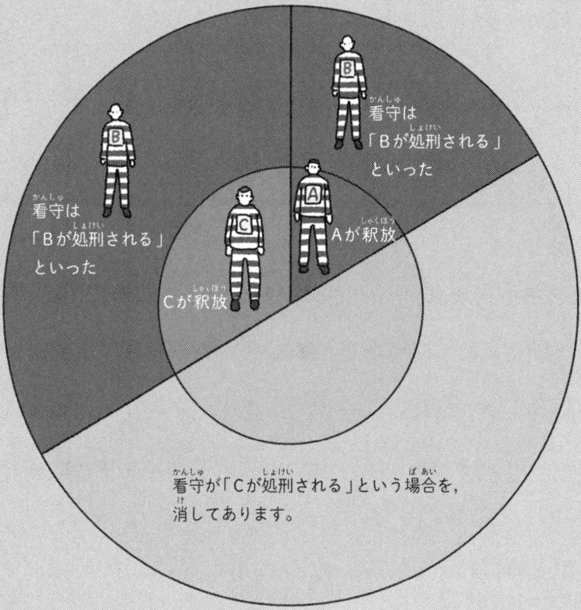

— 確率《かくりつ》のパラドックス —

5 三《みっ》つのうち，一《ひと》つが正解《せいかい》。開《あ》けるドアを変《か》えるべき？

司会者《しかいしゃ》が，途中《とちゅう》でハズレのドアを開《あ》ける

「モンティ・ホール・ジレンマ」あるいは「モンティ・ホール問題《もんだい》」とよばれる，直感《ちょっかん》ではとくに理解《りかい》しづらいことで知《し》られる難問《なんもん》を紹介《しょうかい》します。

テレビ番組《ばんぐみ》に出演《しゅつえん》した挑戦者《ちょうせんしゃ》の前《まえ》には，3枚《まい》のドアA，B，Cがあります。どれか一《ひと》つのドアの後《うし》ろに豪華《ごうか》な賞品《しょうひん》があり，残《のこ》り二《ふた》つのドアはハズレです。**挑戦者《ちょうせんしゃ》がたとえばドアAを選《えら》ぶと，司会者《しかいしゃ》がドアBを開《あ》け，Bがハズレであることを挑戦者《ちょうせんしゃ》に見《み》せます。**そして司会者《しかいしゃ》は，挑戦者《ちょうせんしゃ》にこうもちかけます。「Aのままでも結構《けっこう》。でも，ここでCに変更《へんこう》してもかまいませんよ」。

正解《せいかい》は，「Cに変更《へんこう》すべき」

ドアBがハズレということは，当《あ》たりはAかCです。Aが当《あ》たりである確率《かくりつ》もCが当《あ》たりである確率《かくりつ》も同《おな》じく$\frac{1}{2}$だから，変《か》えても変《か》えなくても同《おな》じだと考《かんが》える人《ひと》が多《おお》いのではないでしょうか。ところが正解《せいかい》は，「Cに変更《へんこう》すべき」です。**この状況《じょうきょう》下《か》では，Aが当《あ》たりである確率《かくりつ》は$\frac{1}{3}$，Cが当《あ》たりである確率《かくりつ》は$\frac{2}{3}$，というのが正《ただ》しい確率《かくりつ》なのです。**

「モンティ・ホール」とは，アメリカのあるテレビ番組《ばんぐみ》の司会者《しかいしゃ》の名《な》前《まえ》（128ページ参照《さんしょう》）。司会者《しかいしゃ》と，賞品獲得《しょうひんかくとく》を目《め》指《ざ》す挑戦者《ちょうせんしゃ》とのかけ引《ひ》きが，この問《もん》題《だい》のもとになっているんじゃ。

5 AとCの当《あ》たりの確率《かくりつ》

3枚《まい》のドアがあり，どれか1枚《まい》が当《あ》たりです。挑戦者《ちょうせんしゃ》がAのドアを選《えら》ぶと，司会者《しかいしゃ》がドアBを開《ひら》き，「ハズレ」であると見《み》せました。このとき，「Aが当《あ》たりである確率《かくりつ》」と「Cが当《あ》たりである確率《かくりつ》」を計算《けいさん》すると，右《みぎ》の円《えん》グラフのように，Aは$\frac{1}{3}$，Cは$\frac{2}{3}$となります。

状況《じょうきょう》1：挑戦者《ちょうせんしゃ》がドアAを選《えら》ぶ

状況《じょうきょう》2：司会者《しかいしゃ》がドアBを開《ひら》く（ドアCを残《のこ》す）

状況《じょうきょう》2において,「Aが当《あ》たりである確率《かくりつ》」と「Cが当《あ》たりである確率《かくりつ》」を計算《けいさん》すると？

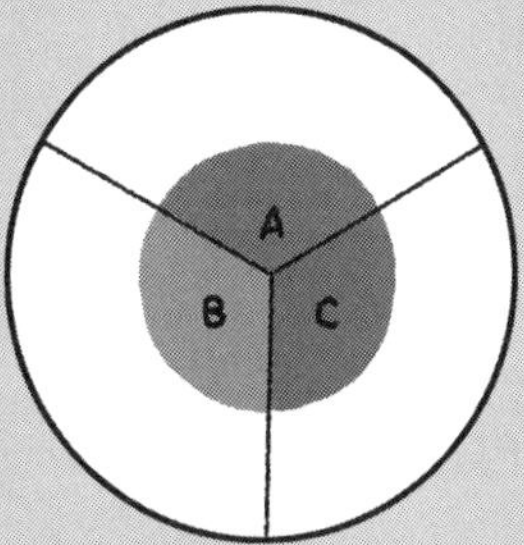

状況《じょうきょう》1では,「Aが当《あ》たり」,「Bが当《あ》たり」,「Cが当《あ》たり」の確率《かくりつ》はどれも3分《ぶん》の1。

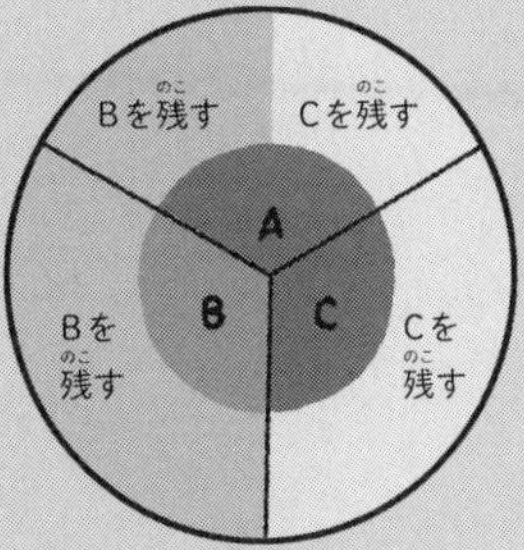

司会者《しかいしゃ》がどのドアを残《のこ》すかを考《かんが》えます。「Aが当《あ》たり」ならBかCを残《のこ》します。「Bが当《あ》たり」なら必《かなら》ずBを,「Cが当《あ》たり」なら必《かなら》ずCを残《のこ》します。

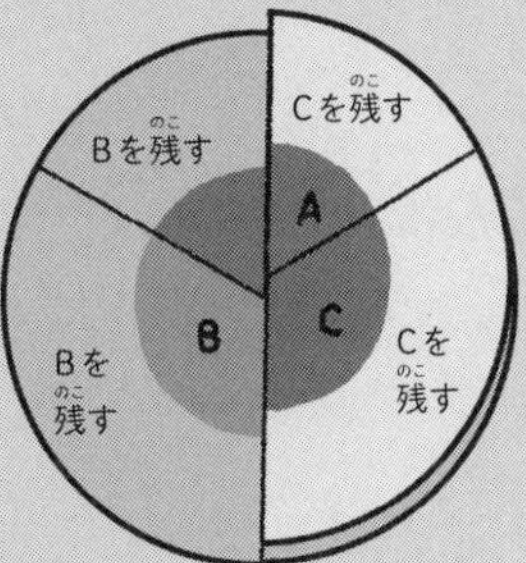

状況《じょうきょう》2で,実際《じっさい》にはCが残《のこ》されました。この状況《じょうきょう》で「Aが当《あ》たり」なのは3分《ぶん》の1で,「Cが当《あ》たり」なのは3分《ぶん》の2です。

— 確率《かくりつ》のパラドックス —

6 ドアを変《か》えたほうが，当《あ》たりの確率《かくりつ》が上《あ》がる！

ドアの数《かず》を，5枚《まい》にふやして考《かんが》えてみよう

前《ぜん》ページの説明《せつめい》では，何《なん》だか釈然《しゃくぜん》としないかもしれません。そこで，今度《こんど》はドアの数《かず》を3枚《まい》から5枚《まい》にふやした場合《ばあい》を考《かんが》えてみましょう。

ドアA～Eのうち，1枚《まい》が当《あ》たりです。挑戦者《ちょうせんしゃ》がドアAを選《えら》ぶと，司会者《しかいしゃ》はドアB，C，Dを次々《つぎつぎ》に開《ひら》いて見《み》せ，それらがすべてハズレであることを挑戦者《ちょうせんしゃ》に教《おし》えます。このとき，最初《さいしょ》に選《えら》んだAのままが有利《ゆうり》か，あるいは開《ひら》かれずに残《のこ》ったEに変更《へんこう》したほうが有利《ゆうり》か，という問題《もんだい》です。こうなると，「A以外《いがい》の当《あ》たりの可能性《かのうせい》が，Eに濃縮《のうしゅく》された」と感《かん》じた人《ひと》もいるのではないでしょうか。

99万《まん》9999枚《まい》の中《なか》から，1枚《まい》だけ残《のこ》されたドア

　話《はなし》をもっと極端《きょくたん》にして，ドアの数《かず》を100万枚《まんまい》にふやして考《かんが》えてみましょう。**この場合《ばあい》，「100万枚《まんまい》の中《なか》から挑戦者《ちょうせんしゃ》が当《あ》てずっぽうで選《えら》んだ1枚《まい》のドア」と，「挑戦者《ちょうせんしゃ》が選《えら》ばなかった99万《まん》9999枚《まい》の中《なか》から司会者《しかいしゃ》によって1枚《まい》だけ残《のこ》されたドア」の二者択一《にしゃたくいつ》ということになります。**これなら，後者《こうしゃ》の確率《かくりつ》のほうが高《たか》いと感《かん》じられるのではないでしょうか。

「モンティ・ホール問題《もんだい》」とは「当《あ》てずっぽうで選《えら》んだドアが当《あ》たりである確率《かくりつ》」と，「当《あ》てずっぽうで選《えら》んだドアがハズレである確率《かくりつ》」をくらべる問題《もんだい》ということなんだカメ。

6 ドアが5枚《まい》の場合《ばあい》

ドアを5枚《まい》にふやした場合《ばあい》の考《かんが》え方《かた》は，右《みぎ》の円《えん》グラフのようになります。当《あ》たりのドアを知《し》っている司会者《しかいしゃ》がEを残《のこ》した状況《じょうきょう》では，Aが当《あ》たりの確率《かくりつ》は$\frac{1}{5}$，Eが当《あ》たりの確率《かくりつ》は$\frac{4}{5}$です。

状況《じょうきょう》1：挑戦者《ちょうせんしゃ》がドアAを選《えら》ぶ

状況《じょうきょう》2：司会者《しかいしゃ》がドアB，C，Dを開《ひら》く（ドアEを残《のこ》す）

状況《じょうきょう》2において,「Aが当《あ》たりである確率《かくりつ》」と「Eが当《あ》たりである確率《かくりつ》」を計算《けいさん》すると？

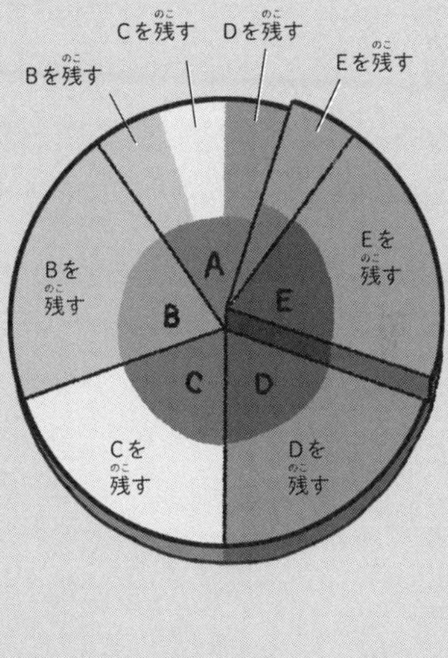

— 確率《かくりつ》のパラドックス —

7 回数《かいすう》が1回《かい》ふえるごとに，賞金《しょうきん》が2倍《ばい》になるコインゲーム

1回目《かいめ》が裏《うら》で，2回目《かいめ》に表《おもて》が出《で》たら賞金《しょうきん》2倍《ばい》

　次《つぎ》のようなゲームを，1回行《かいおこな》うことを考《かんが》えてみましょう。コインを，表《おもて》が出《で》るまで投《な》げつづけます。1回目《かいめ》で表《おもて》が出《で》たら，1円《えん》がもらえます。1回目《かいめ》が裏《うら》で2回目《かいめ》に表《おもて》が出《で》たら2円《えん》，2回目《かいめ》まで裏《うら》で3回目《かいめ》に表《おもて》が出《で》たら4円《えん》…，というように，表《おもて》が出《で》るまでの回数《かいすう》が1回《かい》ふえるごとに，賞金《しょうきん》が倍《ばい》になっていきます。

参加費《さんかひ》がいくらなら，挑戦《ちょうせん》したほうがいいのか

さて，このゲームには参加費《さんかひ》が必要《ひつよう》です。参加《さんか》費《ひ》がいくらなら挑戦《ちょうせん》してみようと思《おも》うでしょうか。通常《つうじょう》，そのギャンブルが有利《ゆうり》か不利《ふり》かを判《はん》断《だん》する際《さい》には，「期待値《きたいち》」というものを求《もと》めます。期待値《きたいち》とは，確率的《かくりつてき》に期待《きたい》される数値《すうち》（金額《きんがく》）という意味《いみ》です。

たとえば，トランプの1～13のカードが裏返《うらがえ》してあり，1枚選《まいえら》んで，その数字《すうじ》の金額《きんがく》がもらえるゲームがあるとしましょう。**このときの期待値《きたいち》は，「賞金《しょうきん》×確率《かくりつ》」の計算《けいさん》をすべてのカードに対《たい》して行《おこな》い，それらを足《た》し合《あ》わせることで，7と求《もと》められます。**よって，参加費《さんかひ》が7円未満《えんみまん》なら，ゲームに参加《さんか》したほうが得策《とくさく》です。参加費《さんかひ》が期待値《きたいち》を下《した》まわるなら，参加《さんか》するのが得策《とくさく》ということになります。

7 コインゲーム

右《みぎ》ページにえがいたのは，コインゲームのルールです。表《おもて》が出《で》るまでの回数《かいすう》が1回《かい》ふえるごとに，賞金《しょうきん》が倍《ばい》になります。下《した》にえがいたのは，期待値《きたいち》の求《もと》め方《かた》です。トランプゲームを具体例《ぐたいれい》にしています。

期待値《きたいち》の求《もと》め方《かた》

裏返《うらがえ》されたトランプの1～13のカードの中《なか》から1枚選《まいえら》び，選《えら》んだカードの数字《すうじ》の金額《きんがく》がもらえるという，トランプゲームの期待値《きたいち》を求《もと》めてみましょう。このゲームの期待値《きたいち》は，「賞金《しょうきん》×確率《かくりつ》」の計算《けいさん》をすべてのカードに対《たい》して行《おこな》い，それらを足《た》し合《あ》わせたものです。計算《けいさん》すると，期待値《きたいち》は7となります。

カードの賞金《しょうきん》　確率《かくりつ》

$$1\times\frac{1}{13}\quad 2\times\frac{1}{13}\quad 3\times\frac{1}{13}\quad 4\times\frac{1}{13}\quad 5\times\frac{1}{13}\quad 6\times\frac{1}{13}$$

$$\frac{1}{13}+\frac{2}{13}+\frac{3}{13}+\frac{4}{13}+\frac{5}{13}+\frac{6}{13}$$

コインゲームのルール

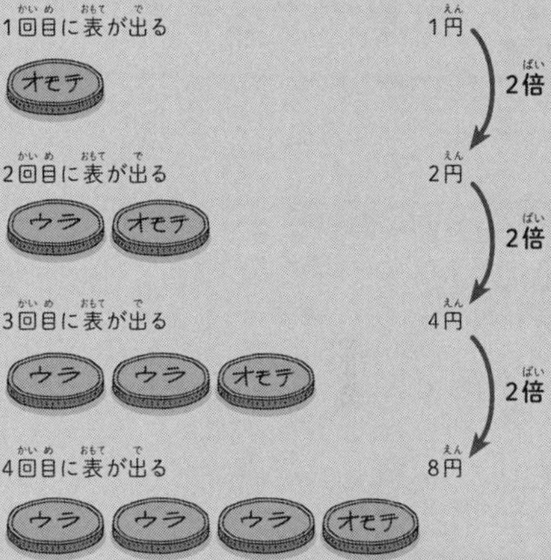

$$7\times\frac{1}{13} \quad 8\times\frac{1}{13} \quad 9\times\frac{1}{13} \quad 10\times\frac{1}{13} \quad 11\times\frac{1}{13} \quad 12\times\frac{1}{13} \quad 13\times\frac{1}{13}$$

$$+\frac{7}{13}+\frac{8}{13}+\frac{9}{13}+\frac{10}{13}+\frac{11}{13}+\frac{12}{13}+\frac{13}{13}$$

$$=7$$

— 確率《かくりつ》のパラドックス —

8 コインゲームの期待値《きたいち》は，無限大《むげんだい》になる！

確率的《かくりつてき》に期待《きたい》される賞金額《しょうきんがく》は，無限大《むげんだい》

前《まえ》のページのコインゲームの期待値《きたいち》を求《もと》めてみましょう。すると右《みぎ》ページのように，期待値《きたいち》は何《なん》と無限大《むげんだい》になります。これは，確率的《かくりつてき》に期待《きたい》される賞金額《しょうきんがく》が，無限大《むげんだい》というです。いいかえると，たとえ参加費《さんかひ》が1兆円《ちょうえん》だったとしても，あなたはこのゲームに挑戦《ちょうせん》する価値《かち》があるということになるのです。

8 コインゲームの期待値《きたいち》

コインゲームの期待値《きたいち》は，「賞金《しょうきん》×確率《かくりつ》」の計算《けいさん》を，おきうるすべての場合《ばあい》について行《おこな》い，足《た》し合《あ》わせることで求《もと》められます。n回目《かいめ》にはじめて表《おもて》が出《で》る場合《ばあい》の賞金額《しょうきんがく》は2^{n-1}，その場合《ばあい》の確率《かくりつ》は$\left(\frac{1}{2}\right)^n$です。期待値《きたいち》を計算《けいさん》すると，無限大《むげんだい》となります。

$$1\times\frac{1}{2}+2\times\frac{1}{4}+4\times\frac{1}{8}+\cdots\cdots 2^{n-1}\times\left(\frac{1}{2}\right)^n+\cdots\cdots$$

$$=\frac{1}{2}+\frac{1}{2}+\frac{1}{2}+\frac{1}{2}+\frac{1}{2}+\cdots\cdots=\infty$$ （無限大《むげんだい》）

期待値はなんと無限大!!

参加費《さんかひ》がたとえ1兆円《ちょうえん》でもこのゲームに挑戦《ちょうせん》する価値《かち》がある!?
（サンクトペテルブルクのパラドックス※）

※：このパラドックスは，スイスの数学者《すうがくしゃ》ダニエル・ベルヌーイ（1700～1782）が発表《はっぴょう》したもので，ベルヌーイが住《す》んでいたサンクトペテルブルクにちなんで，このようによばれています。

多《おお》くの場合《ばあい》，賞金《しょうきん》が高額《こうがく》になる前《まえ》に表《おもて》が出《で》る

コインゲームの期待値《きたいち》が無限大《むげんだい》となる計算《けいさん》は，まちがってはいません。しかし1兆円《ちょうえん》を払《はら》ってまで，このゲームに参加《さんか》したいと思《おも》うでしょうか。多《おお》くの場合《ばあい》，賞金《しょうきん》が高額《こうがく》になる前《まえ》に表《おもて》が出《で》ることになりそうです。たとえば10回目《かいめ》にはじめて表《おもて》が出《で》る確率《かくりつ》は $\frac{1}{1024}$ であり，賞金《しょうきん》はたかだか512円《えん》にすぎません。

それに，期待値《きたいち》が無限大《むげんだい》ということは，賞金《しょうきん》に上限《じょうげん》がなく，胴元《どうもと》が無限大《むげんだい》の賞金《しょうきん》を用意《ようい》できることが前提《ぜんてい》です。胴元《どうもと》に無限《むげん》の支払能力《しはらいのうりょく》があれば，確《たし》かに期待値《きたいち》は無限大《むげんだい》になります。しかしそれは，現実的《げんじつてき》には不可能《ふかのう》です。

memo

名前《なまえ》が思《おも》い出《だ》せないパラドックス

「あの人《ひと》，名前《なまえ》なんだっけ…。近所《きんじょ》でパン屋《や》さんをやってて，やさしい感《かん》じの雰囲気《ふんいき》の…」なんて経《けい》験《けん》をしたことはないでしょうか。**ある人《ひと》について，容姿《ようし》や人《ひと》がら，職業《しょくぎょう》や趣味《しゅみ》などは思《おも》い浮《う》かぶのに，肝心《かんじん》の名前《なまえ》が出《で》てこないという状況《じょうきょう》は，だれしも1度《ど》は経験《けいけん》したことがあると思《おも》います。**

これは，「ベイカーベイカーパラドックス（パン屋《や》のベイカーのパラドックス）」とよばれている心《しん》理現象《りげんしょう》です。その人《ひと》がパン屋《や》（ベイカー）という職《しょく》業《ぎょう》であることは思《おも》い出《だ》せるのに，ベイカーという名前《なまえ》が思《おも》い出《だ》せない，というジョークから名《な》づけられました。**この現象《げんしょう》は，人《ひと》の個人名《こじんめい》が，ほかの情《じょう》報《ほう》と関連《かんれん》づけづらいためにおきると考《かんが》えられています。**

人《ひと》の名前《なまえ》は，そもそも覚《おぼ》えるのがむずかしいものです。記憶力《きおくりょく》を競《きそ》う大会《たいかい》では，制限時間内《せいげんじかんない》に人《ひと》の顔《かお》と名前《なまえ》を記憶《きおく》するという種目《しゅもく》もあるそうです。

9 ゼノン「アキレスは，カメに追《お》いつけない！」

ギリシア神話《しんわ》の俊足《しゅんそく》の英雄《えいゆう》，アキレス

紀元前《きげんぜん》4世紀《せいき》の古代《こだい》ギリシアの哲学者《てつがくしゃ》アリストテレス（紀元前《きげんぜん》384～紀元前《きげんぜん》322）は，著書《ちょしょ》『自《し》然学《ぜんがく》』の中《なか》で，いくつかのパラドックスを紹介《しょうかい》しています。それらは，もともとは紀元前《きげんぜん》5世紀《せいき》の哲学者《てつがくしゃ》ゼノン（紀元前《きげんぜん》490ごろ～紀元前《きげんぜん》430ごろ）がのべたもので，「ゼノンのパラドックス」とよばれています。

その中《なか》でも，「アキレスとカメ」は非常《ひじょう》に有名《ゆうめい》です。それは，ギリシア神話《しんわ》に登場《とうじょう》する俊足《しゅんそく》の英雄《えいゆう》アキレスが，彼《かれ》の前《まえ》をゆっくり進《すす》むカメに永《えい》遠《えん》に追《お》いつけない，というものです。

10秒後《びょうご》，カメはアキレスの10メートル先《さき》

アキレスの100メートル前方《ぜんぽう》に，カメがいます。アキレスは，100メートルを10秒《びょう》で走《はし》るとします。一方《いっぽう》，カメは，秒速《びょうそく》1メートルで進《すす》むとします。

アキレスの足《あし》ならば，10秒後《びょうご》にはカメのスタート地点《ちてん》まで到達《とうたつ》できます。しかしその10秒間《びょうかん》で，カメは10メートル先《さき》に進《すす》みます。**したがって，10秒後《びょうご》にアキレスがカメのいた100メートル地点《ちてん》に着《つ》いたときには，カメはアキレスの10メートル先《さき》にいることになります。**このあと，どうなるのでしょうか？

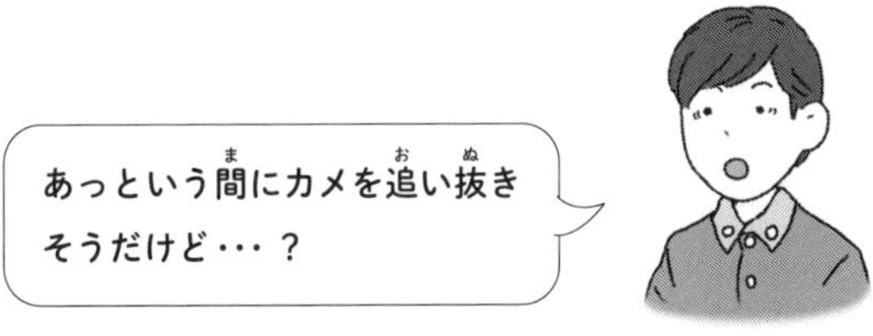

9 10秒後《びょうご》のアキレスとカメ

アキレスは，100メートル先《さき》のカメを追《お》いかけます。上段《じょうだん》のイラストは，スタート時《じ》のアキレスとカメの位置関係《いちかんけい》です。下段《げだん》のイラストは，10秒後《びょうご》のアキレスとカメの位置関係《いちかんけい》です。

スタート時《じ》

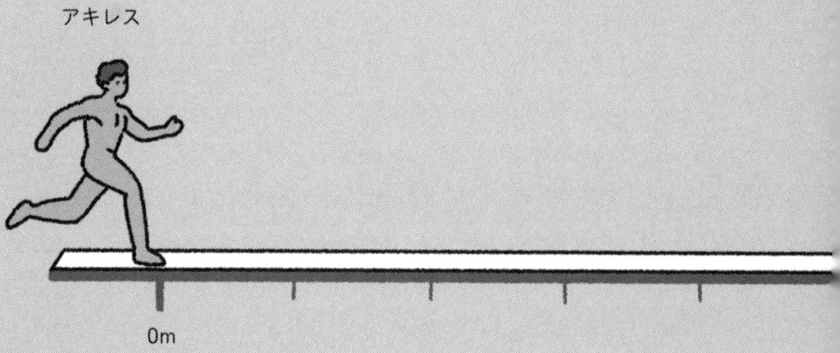

10秒後《びょうご》

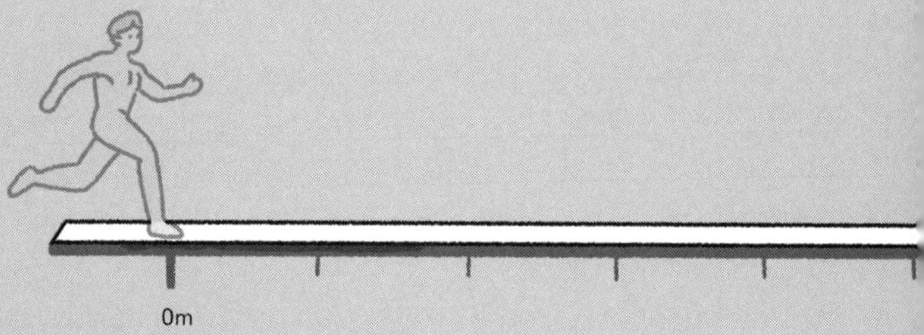

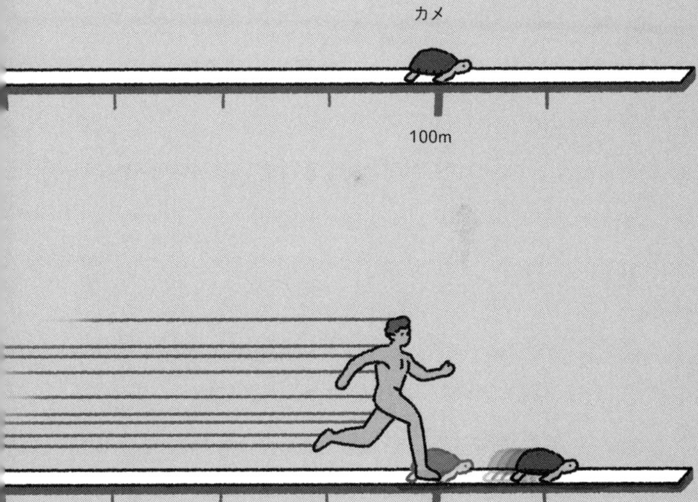
カメ
100m
100m
110m

— 無限《むげん》のパラドックス —

10 無限個《むげんこ》の足《た》し算《ざん》は，必《かなら》ずしも無限《むげん》にならない

アキレスがカメに追《お》いつけないわけがない

前《ぜん》ページのつづきです。スタートから10秒後《びょうご》，カメはアキレスの10メートル先《さき》にいます。その10メートル先《さき》へは，アキレスは1秒後《びょうご》にたどり着《つ》きます。しかし，その1秒間《びょうかん》でカメはさらに1メートル先《さき》へ進《すす》みます。

このように考《かんが》えると，アキレスがカメに追《お》いつこうとしても，つねにカメは先《さき》へ進《すす》んでおり，いつまでたってもカメに追《お》いつけないことになりそうです。しかし俊足《しゅんそく》のアキレスが，のろまなカメに追《お》いつけないわけがありません。いったい，どこが問題《もんだい》なのでしょうか。

11秒《びょう》と少《すこ》しでカメに追《お》いつける

　実《じつ》はアキレスは，11秒《びょう》と少《すこ》しあとには，カメに追《お》いつきます。アキレスがカメを追《お》いかけて走《はし》る時間《じかん》は，「10 + 1 + 0.1 + 0.01 + …」という無《む》限個《げんこ》の数《かず》の足《た》し算《ざん》であらわされます。この足《た》し算《ざん》を計算《けいさん》すると，答《こたえ》が「11.11…」になるのです。無限個《むげんこ》の数《かず》の足《た》し算《ざん》の答《こたえ》が，無限大《むげんだい》にならずに一定《いってい》の数《かず》に収《おさ》まることを，「収束《しゅうそく》」といいます。この疑似《ぎじ》パラドックスは，無限個《むげんこ》の数《かず》を足《た》し算《ざん》すると答《こたえ》は無限大《むげんだい》になるにちがいない，という誤《ご》解《かい》によって生《しょう》じているのです。

10 11秒後《びょうご》のアキレスとかめ

11秒後《びょうご》の，アキレスとカメの位置《いち》関係《かんけい》をえがきました。アキレスは，110メートル地点《ちてん》に到着《とうちゃく》しています。一方《いっぽう》，カメは，アキレスの1メートル先《さき》にいます。

11秒後《びょうご》

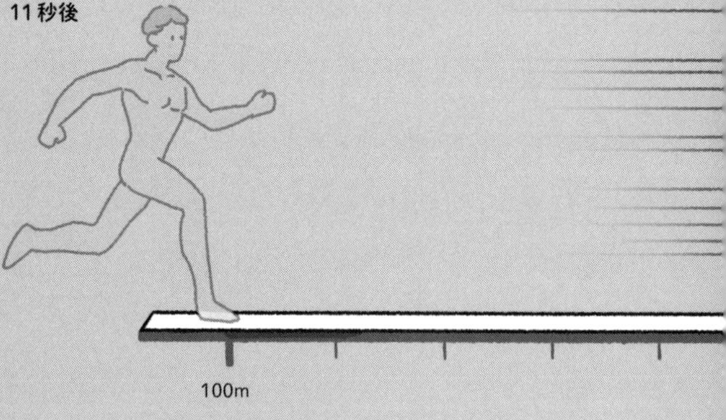

110m
111m

実《じつ》は，11秒《びょう》と少《すこ》しで
追《お》いつかれるカメ……。

11 ゼノン「どんなに進《すす》んでも，目的地《もくてきち》につけない！」

目的地《もくてきち》までの中間地点《ちゅうかんちてん》を，次々《つぎつぎ》に設定《せってい》できる

「ゼノンのパラドックス」の一《ひと》つに，「目的地《もくてきち》には到達《とうたつ》できない」（二分法《にぶんほう》）というものがあります。これは，前《ぜん》ページの「アキレスとカメ」と同《どう》様《よう》の内容《ないよう》を，別《べつ》のたとえに変《か》えたものといえます。

ある人《ひと》が目的地《もくてきち》に到達《とうたつ》するためには，まず目的《もくてき》地《ち》までの中間地点《ちゅうかんちてん》を通過《つうか》する必要《ひつよう》があります。**中間地点《ちゅうかんちてん》を通過《つうか》しても，そこから目的地《もくてきち》までには，また中間地点《ちゅうかんちてん》が設定《せってい》でき，そこも通過《つうか》しなくてはなりません。**さらにそこから目的地《もくてきち》までには，また中間地点《ちゅうかんちてん》が設定《せってい》でき，そこも通過《つうか》しなくてはなりません。

11 中間地点《ちゅうかんちてん》は無限《むげん》に存在《そんざい》

目的地《もくてきち》に到達《とうたつ》するには，第《だい》1中間地点《ちゅうかんちてん》を通過《つうか》する必要《ひつよう》があります。さらに，第《だい》1中間地点《ちゅうかんちてん》から目的地《もくてきち》までの中間《ちゅうかん》にある，第《だい》2中間地点《ちゅうかんちてん》も通過《つうか》する必用《ひつよう》があります。これを次々《つぎつぎ》に考《かんが》えたものが，下《した》のイラストです。中間地点《ちゅうかんちてん》ごとに，人《ひと》をえがいています。

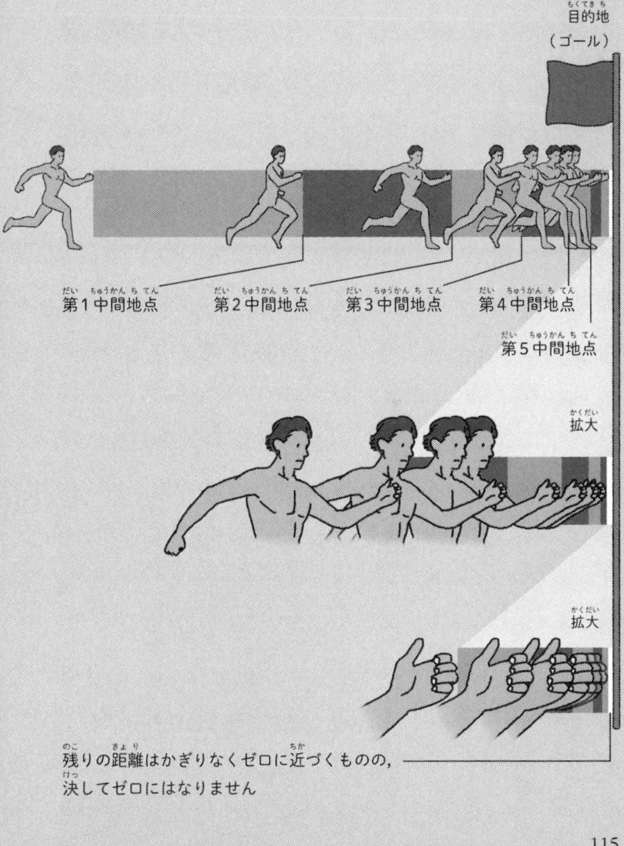

計算《けいさん》すると，1に収束《しゅうそく》することがわかる

このように考《かんが》えていくと，目的地《もくてきち》までの距離《きょり》はかぎりなくゼロに近《ちか》づいていくものの，中間《ちゅうかん》地点《ちてん》は無限《むげん》に存在《そんざい》することになります。**このためゼノンは，「無限《むげん》の点《てん》を通過《つうか》し終《お》えるには無限《むげん》の時間《じかん》が必要《ひつよう》となり，目的地《もくてきち》に到達《とうたつ》することは永《えい》久《きゅう》にできない」と論《ろん》じたのです。**

もちろん，実際《じっさい》には目的地《もくてきち》に到達《とうたつ》できます。目《もく》的地《てきち》までの距離《きょり》を計算《けいさん》すると，「$\frac{1}{2}+\frac{1}{4}+\frac{1}{8}+\frac{1}{16}\cdots=1$」となり，1に収束《しゅうそく》することがわかります。

こちらのパラドックスも，無限《むげん》の足《た》し算《ざん》が無限大《むげんだい》になるという誤解《ごかい》にもとづいているカメ。

memo

38年《ねん》ぶり世界新記録《せかいしんきろく》！ 最速《さいそく》のカメ

「ウサギとカメ」の寓話《ぐうわ》にあるように，カメはのろまの象徴《しょうちょう》として語《かた》られます。では，カメは一体《いったい》どのくらいのスピードで走《はし》れるのでしょうか。2015年《ねん》，イギリスのリクガメが，1977年《ねん》に打《う》ち立《た》てられたタイムを20秒《びょう》以《い》上《じょう》縮《ちぢ》めて，世界新記録《せかいしんきろく》を更新《こうしん》しました。

「パーティー」，これが世界最速《せかいさいそく》タイムをたたき出《だ》したカメの名前《なまえ》です。パーティーは，18フィート（5.48メートル）の少《すこ》し傾斜《けいしゃ》のあるコースを，19.59秒《びょう》でかけぬけました。100メートル走《そう》なら，6分台《ぷんだい》でゴールとなるタイムです。時速《じそく》に換算《かんさん》すると，約《やく》1キロメートル。普通《ふつう》のカメは時速《じそく》320メートルほどだといわれるので，パーティーは3倍《ばい》ほど速《はや》いということになります。

ところで，寓話《ぐうわ》でカメと競争《きょうそう》したウサギの速《はや》さはどのくらいでしょうか。種類《しゅるい》や固体《こたい》による差《さ》もありますけれど，時速《じそく》60～80キロメートルです。世界最速《せかいさいそく》のカメでも，ウサギが昼寝《ひるね》してくれないと，歯《は》が立《た》たなさそうです。

— 無限《むげん》のパラドックス —

12 満室《まんしつ》の無限《むげん》ホテルに，1部屋《へや》の空《あ》きをつくる

ある日《ひ》，無限《むげん》ホテルは満室《まんしつ》だった

ドイツの数学者《すうがくしゃ》であるダフィット・ヒルベルト（1862～1943）は，無限《むげん》の客室《きゃくしつ》がある「無限《むげん》ホテル」という，奇妙《きみょう》なホテルのパラドックスを考《かんが》えました。

ある日《ひ》，無限《むげん》ホテルには無限《むげん》の客《きゃく》が泊《と》まっており，満室《まんしつ》でした。そこへ，1人《ひとり》の客《きゃく》がやってきました。ほかに泊《と》まれるホテルがないので，どうしてもこの無限《むげん》ホテルに泊《と》まりたいのだといいます。

無限《むげん》の客《きゃく》が部屋《へや》を移《うつ》ったので，1号室《ごうしつ》が空《あ》いた

そこで，ホテルのオーナーは，次《つぎ》のような対応《たいおう》をしました。宿泊客全員《しゅくはくきゃくぜんいん》に，今《いま》の自分《じぶん》の部屋番《へやばん》号《ごう》よりも一《ひと》つ大《おお》きな部屋番号《へやばんごう》の部屋《へや》に，移《うつ》ってもらったのです。**その結果《けっか》，1号室《ごうしつ》の客《きゃく》が2号室《ごうしつ》へ，2号室《ごうしつ》の客《きゃく》は3号室《ごうしつ》へ……と無限《むげん》の客《きゃく》が部屋《へや》を移《うつ》ったので，1号室《ごうしつ》が空《あ》きました。**

やってきた客《きゃく》は，そこへ無事《ぶじ》に泊《と》まることができました。

12 満室《まんしつ》にもう1人《ひとり》泊《と》める方法《ほうほう》

満室《まんしつ》の無限《むげん》ホテルに，新《あら》たな客《きゃく》が1人《ひとり》やってきました。すべての宿泊客《しゅくはくきゃく》に，今《いま》の部屋《へや》よりも部屋番号《へやばんごう》が一《ひと》つ大《おお》きな部屋《へや》に移《うつ》ってもらうことで，1号室《ごうしつ》が空《あ》きます。こうして新《あたら》しい宿泊客《しゅくはくきゃく》は，1号室《ごうしつ》に泊《と》まることができました（下《した》のイラスト）。

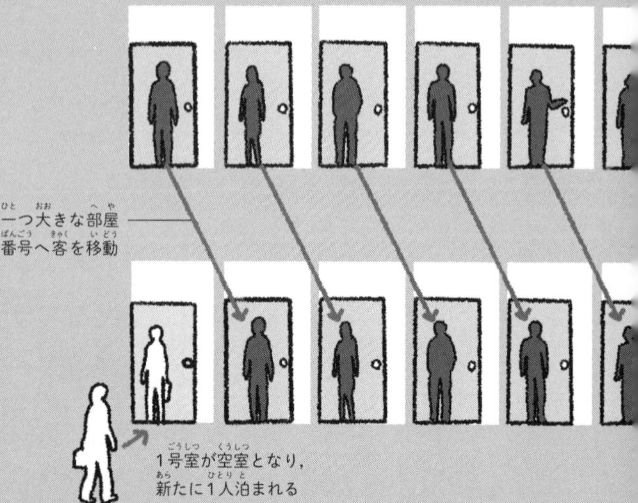

以降《いこう》，無限《むげん》につづく

— 無限《むげん》のパラドックス —

13 満室《まんしつ》の無限《むげん》ホテルに，無限《むげん》の客《きゃく》が泊《と》まることができる

奇数番号《きすうばんごう》の無限《むげん》の部屋《へや》が空《あ》く

前《ぜん》ページからのつづきです。この日《ひ》さらに，満《まん》室《しつ》の無限《むげん》ホテルに，無限《むげん》の客《きゃく》がやってきました。すでに無限《むげん》の客《きゃく》が宿泊《しゅくはく》しています。新《あら》たな客《きゃく》を泊《と》めることなど，できるでしょうか。するとホテルのオーナーは，宿泊客全員《しゅくはくきゃくぜんいん》に，自分《じぶん》の部屋番《へやばん》号《ごう》を2倍《ばい》した数《かず》の番号《ばんごう》の部屋《へや》に移《うつ》ってもらいました。1号室《ごうしつ》の客《きゃく》は2号室《ごうしつ》へ，2号室《ごうしつ》の客《きゃく》は4号室《ごうしつ》へ……。これで，すでにいる宿泊客《しゅくはくきゃく》は偶数番号《ぐうすうばんごう》の部屋《へや》へ移《うつ》ることになり，奇数番号《きすうばんごう》の無限《むげん》の部屋《へや》が空《あ》きます。やってきた無限《むげん》の客《きゃく》は，そこへ無《ぶ》事《じ》に泊《と》まることができました。この論理《ろんり》は，はたして正《ただ》しいでしょうか？

無限《むげん》がもつ，直観《ちょっかん》に反《はん》した性質《せいしつ》

実《じつ》はこの話《はなし》は，数学的《すうがくてき》に正《ただ》しいのです。無限《むげん》がもつ，直観《ちょっかん》に反《はん》した性質《せいしつ》によって生《しょう》じる，疑《ぎ》似《じ》パラドックスです。有限《ゆうげん》の世界《せかい》では，たとえば10までに登場《とうじょう》する偶数《ぐうすう》の数《かず》（5個《こ》）は，10までの自然数《しぜんすう》の数《かず》（10個《こ》）よりも，当然少《とうぜんすく》なくなります。**しかし無限《むげん》の世界《せかい》では，偶数全体《ぐうすうぜんたい》と自然数全体《しぜんすうぜんたい》が1対《たい》1に対応《たいおう》し，集団《しゅうだん》の大《おお》きさが同《おな》じになります。**無限《むげん》の世界《せかい》では，有限《ゆうげん》の世界《せかい》とちがい，部分《ぶぶん》が全《ぜん》体《たい》と同《おな》じ大《おお》きさになるという不思議《ふしぎ》なことがおきるのです。

13 満室《まんしつ》に無限《むげん》の客《きゃく》を追加《ついか》可能《かのう》

満室《まんしつ》の無限《むげん》ホテルに，さらに無限《むげん》の客《きゃく》がやってきました。宿泊《しゅくはく》客全員《きゃくぜんいん》が，自分《じぶん》の部屋番号《へやばんごう》を2倍《ばい》した部屋番号《へやばんごう》に移《うつ》ると，奇数《きすう》番号《ばんごう》の部屋《へや》がすべて空《あ》き部屋《べや》になります。奇数番号《きすうばんごう》の部屋《へや》は無限《むげん》にあるので，新《あら》たにやってきた無限《むげん》の客《きゃく》も泊《と》まることができます（下《した》のイラスト）。

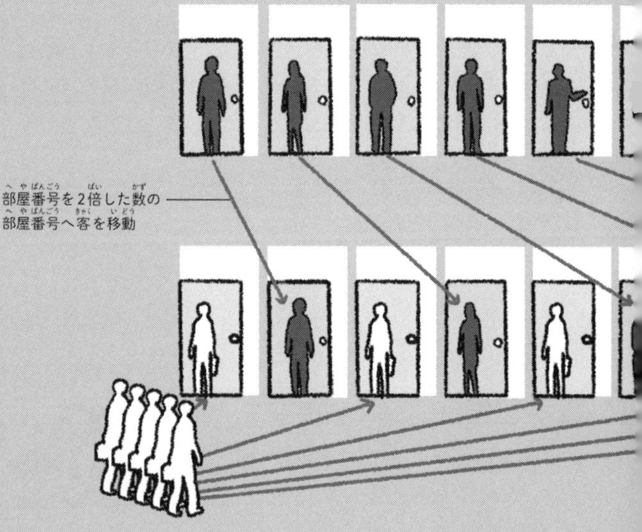

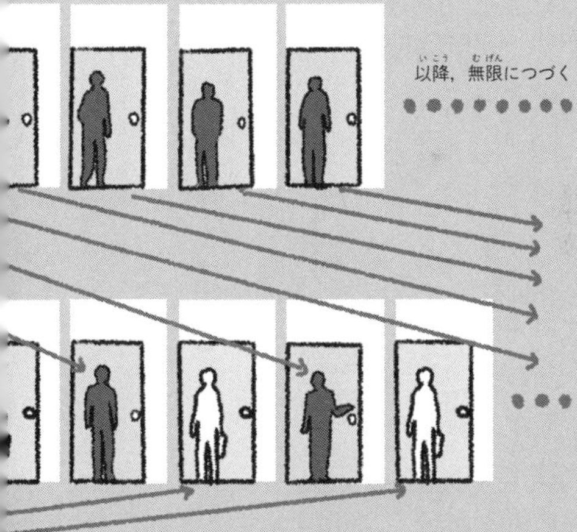
以降《いこう》，無限《むげん》につづく
奇数番号《きすうばんごう》の部屋《へや》が無限《むげん》に空《あ》き，
無限《むげん》の客《きゃく》が泊《と》まれる

テレビ司会者《しかいしゃ》のもう一《ひと》つの顔《かお》

※：恩送りとは，だれかから受けた恩を，その人に返すのではなく，別の人に送ることです。

数学界《すうがくかい》をリードしたヒルベルト

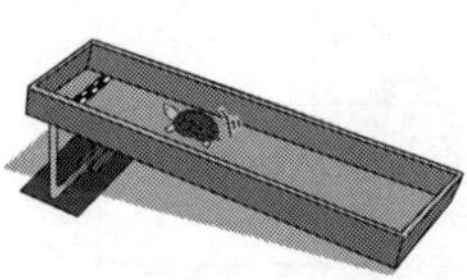

第《だい》3章《しょう》

宇《う》宙《ちゅう》のパラドックス

自然科学《しぜんかがく》が発展《はってん》する過程《かてい》で，その時点《じてん》では解決《かいけつ》がむずかしい難問《なんもん》がみつかり，パラドックスとよばれることがあります。天文学《てんもんがく》の分野《ぶんや》のそのようなパラドックスを，ここでは「宇宙《うちゅう》のパラドックス」とよぶことにします。第《だい》3章《しょう》では，多《おお》くの科学者《かがくしゃ》を悩《なや》ませた宇宙《うちゅう》のパラドックスを紹介《しょうかい》しましょう。

— オルバースのパラドックス —

1 オルバース「なぜ宇宙《うちゅう》は，こんなに暗《くら》いんだ！」

星《ほし》で埋《う》めつくされた，輝《かがや》く宇宙《うちゅう》が見《み》えるはず

人類《じんるい》は，天文学《てんもんがく》の発展《はってん》にともない，宇宙《うちゅう》の姿《すがた》を少《すこ》しずつ解《と》き明《あ》かしてきました。その過程《かてい》で，宇宙《うちゅう》は無限《むげん》に広《ひろ》く，星《ほし》の数《かず》は無限《むげん》で，宇宙《うちゅう》に一《いち》様《よう》に分布《ぶんぷ》しているのだろうと考《かんが》えられるようになりました。

宇宙《うちゅう》に星《ほし》が無限《むげん》に存在《そんざい》するのであれば，私《わたし》たちの視線《しせん》の先《さき》には，必《かなら》ず明《あか》るく輝《かがや》く星《ほし》があるはずです。つまり，どの方向《ほうこう》を見《み》ても，まばゆい星々《ほしぼし》で埋《う》めつくされた，明《あか》るく輝《かがや》く宇宙《うちゅう》が見《み》えるはずだと考《かんが》えられたのです。

1 オルバースのパラドックス

夜空《よぞら》のある領域《りょういき》を，地球《ちきゅう》からの距離《きょり》ごとにわけて，模式的《もしきてき》にえがきました。星《ほし》の明《あか》るさは，距離《きょり》の2乗《じょう》に反比例《はんぴれい》して弱《よわ》くなります。しかし星《ほし》の数《かず》は，距離《きょり》の2乗《じょう》に比例《ひれい》して多《おお》くなります。このため，夜空《よぞら》は明《あか》るく見《み》えるはずだと考《かんが》えられました。

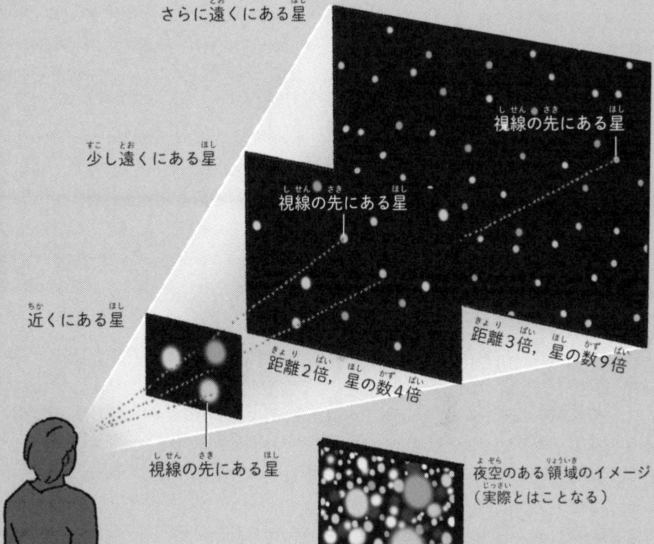

実際《じっさい》の夜空《よぞら》は，10兆分《ちょうぶん》の1程度《ていど》の明《あか》るさしかない

「夜空《よぞら》は本来《ほんらい》，明《あか》るいはずだ」といわれても，実際《じっさい》の夜空《よぞら》は暗《くら》く，決《けっ》して明《あか》るくありません。**夜《よ》空《ぞら》が星《ほし》で埋《う》めつくされていると考《かんが》えた場合《ばあい》の，10兆分《ちょうぶん》の1程度《ていど》の明《あか》るさしかありません。科学《かがく》者《しゃ》たちは，この矛盾《むじゅん》を長《なが》い間解決《あいだかいけつ》することができませんでした。**

この矛盾《むじゅん》は，ドイツの天文学者《てんもんがくしゃ》のハインリヒ・オルバース（1758～1840）の名前《なまえ》をとって，「オルバースのパラドックス」とよばれています。オルバースは，矛盾《むじゅん》の解決《かいけつ》に取《と》り組《く》んだ，科学《かがく》者《しゃ》の1人《ひとり》です。

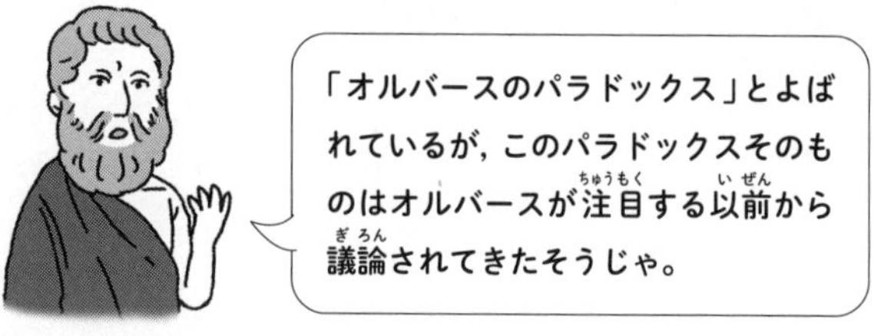

— オルバースのパラドックス —

2 オルバース「光《ひかり》をさえぎる何《なに》かが宇宙《うちゅう》にある！」

宇宙空間《うちゅうくうかん》には，ガスやちりがある

宇宙《うちゅう》はなぜ暗《くら》いのか。オルバースは，このパラドックスの解答《かいとう》として，宇宙《うちゅう》には何《なに》か不透明《ふとうめい》なものがあり，星々《ほしぼし》から放《はな》たれる光《ひかり》をさえぎっているのではないかと考《かんが》えたといいます。

宇宙空間《うちゅうくうかん》には，希薄《きはく》なガスや，「宇宙塵《うちゅうじん》」とよばれるこまかいちりがあることが，現在《げんざい》では知《し》られています。こういった宇宙空間《うちゅうくうかん》に存在《そんざい》する物《ぶっ》質《しつ》のことを「星間物質《せいかんぶっしつ》」といいます。星間物質《せいかんぶっしつ》の密度《みつど》が高《たか》い「暗黒星雲《あんこくせいうん》」とよばれる領域《りょういき》では，オルバースが考《かんが》えた通《とお》り，その背後《はいご》にある星《ほし》から放《はな》たれた光《ひかり》がさえぎられます。

星間物質《せいかんぶっしつ》で説明《せつめい》することはできない

星間物質《せいかんぶっしつ》は，確《たし》かに天体《てんたい》の光《ひかり》をさえぎります。**しかし，もしほんとうに星間物質《せいかんぶっしつ》が無限《むげん》の星《ほし》から放《はな》たれた光《ひかり》をすべてさえぎっているのだとしたら，星間物質《せいかんぶっしつ》がそれらの光《ひかり》で温《あたた》められて，最終的《さいしゅうてき》には背後《はいご》にある天体《てんたい》と同《おな》じ程度《ていど》の明《あか》るさの光《ひかり》を放《はな》つようになるといいます。**

さらに現在《げんざい》では，宇宙《うちゅう》は基本的《きほんてき》に希薄《きはく》であることがわかっています。星間物質《せいかんぶっしつ》で，オルバースのパラドックスを説明《せつめい》することはできないのです。

星間物質《せいかんぶっしつ》も光《ひか》ってしまうなら，暗黒《あんこく》星雲《せいうん》は「暗黒《あんこく》」ではいられないカメ。

2 オルバースの考《かんが》えた答《こたえ》

オルバースの考《かんが》えた，星間物質《せいかんぶっしつ》の密度《みつど》の高《たか》い領域《りょういき》が，背後《はいご》にある無限《むげん》の星《ほし》からの光《ひかり》をすべてさえぎるイメージをえがきました。もしこのイメージが正《ただ》しければ，星間物質《せいかんぶっしつ》の温度《おんど》が上昇《じょうしょう》し，星間物質自身《せいかんぶっしつじしん》が太陽《たいよう》のように明《あか》るく輝《かがや》くと考《かんが》えられます。

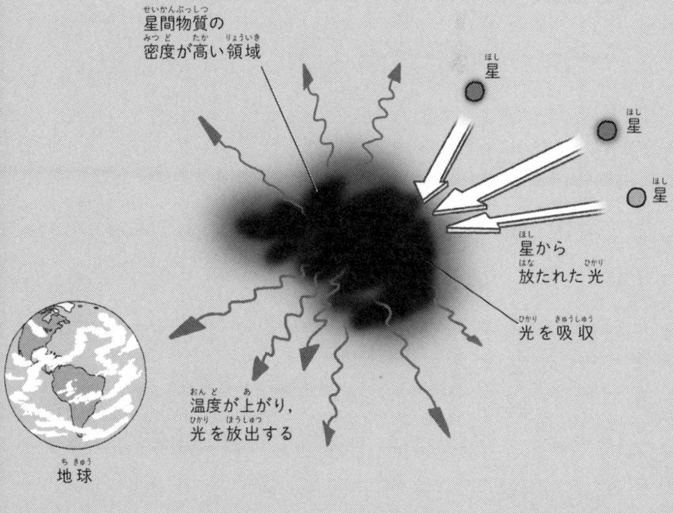

— オルバースのパラドックス —

3 科学者《かがくしゃ》たちの，まじめな珍回答《ちんかいとう》

宇宙《うちゅう》の膨張《ぼうちょう》が，宇宙《うちゅう》が暗《くら》い原因《げんいん》と説明《せつめい》した

オルバースのパラドックスに対《たい》しては，時代《じだい》とともに，さまざまな解答《かいとう》が提案《ていあん》されました。今《いま》考《かんが》えると突拍子《とっぴょうし》のないものもあります。

19世紀後半以降《せいきこうはんいこう》，人類《じんるい》が思《おも》いえがく宇宙《うちゅう》の姿《すがた》は，大《おお》きくさまがわりしました。そんな中《なか》，20世紀前半《せいきぜんはん》に，宇宙《うちゅう》が膨張《ぼうちょう》していることが判明《はんめい》すると，イギリスの数学者《すうがくしゃ》で宇宙学者《うちゅうがくしゃ》のヘルマン・ボンディ（1919～2005）は，宇宙《うちゅう》の膨張《ぼうちょう》による「赤方偏移《せきほうへんい》」によって，宇宙《うちゅう》が暗《くら》いことを説明《せつめい》できると発表《はっぴょう》しました（141ページのイラストの4）。この説明《せつめい》は，現代《げんだい》でもオルバースのパラドックスに対《たい》する正《ただ》しい解答《かいとう》であると誤解《ごかい》されることがあります。

赤方偏移《せきほうへんい》の効果《こうか》だけでは，説明《せつめい》できない

実《じつ》はボンディは「定常宇宙《ていじょううちゅう》」という，現在《げんざい》の考《かんが》え方《かた》とはことなる特殊《とくしゅ》な宇宙《うちゅう》の姿《すがた》を仮定《かてい》していました。現在《げんざい》の知見《ちけん》にもとづいても，赤方偏移《せきほうへんい》は確《たし》かに星《ほし》の光《ひかり》が暗《くら》く見《み》える理由《りゆう》の一《ひと》つです。しかし，実際《じっさい》の宇宙《うちゅう》で赤方偏移《せきほうへんい》の効果《こうか》だけを考《かんが》えても，夜空《よぞら》が星《ほし》で埋《う》めつくされていると考《かんが》えた場合《ばあい》の，半分程度《はんぶんていど》の明《あか》るさにしかなりません。

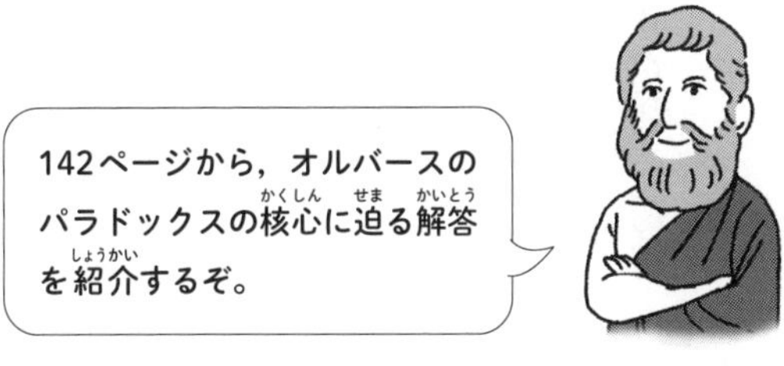

3 科学者《かがくしゃ》たちのさまざまな答《こたえ》

オルバースのパラドックスに対《たい》する，科学者《かがくしゃ》たちが考《かんが》えたさまざまな解答《かいとう》をえがきました。しかし，残念《ざんねん》ながら，ここで示《しめ》した解答《かいとう》の中《なか》に，正解《せいかい》はありません。

1. 星《ほし》が一直線《いっちょくせん》に並《なら》んでいるから

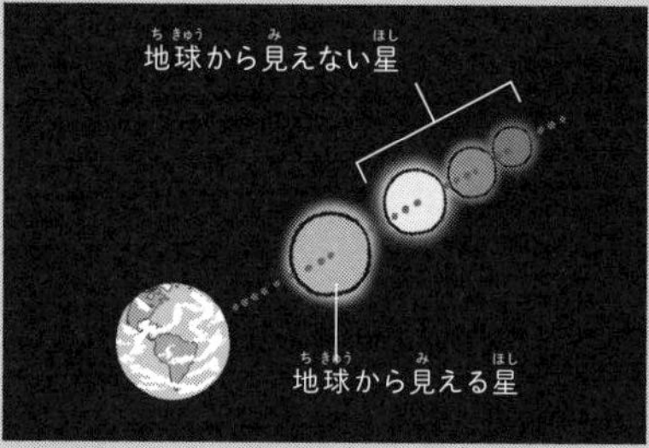

1907年《ねん》，当時《とうじ》の知見《ちけん》ではこう考《かんが》えるしかないと，冗談《じょうだん》で提案《ていあん》されました。宇宙《うちゅう》が，このように整然《せいぜん》としていることはあり得《え》ません。

2. エーテルがない領域《りょういき》があるから

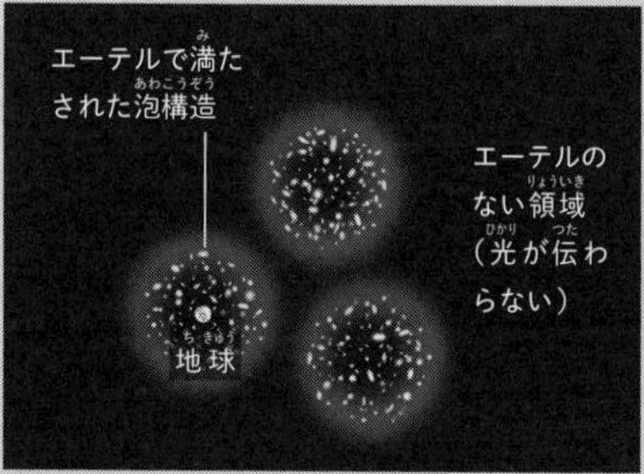

19世紀後半《せいきこうはん》まで，光《ひかり》は，「エーテル」という媒質《ばいしつ》の中《なか》を伝《つた》わると考《かんが》えられていました。しかしエーテルの存在《そんざい》は，その後否定《ごひてい》されました。

3. 星《ほし》の数《かず》はそもそも有限《ゆうげん》だから

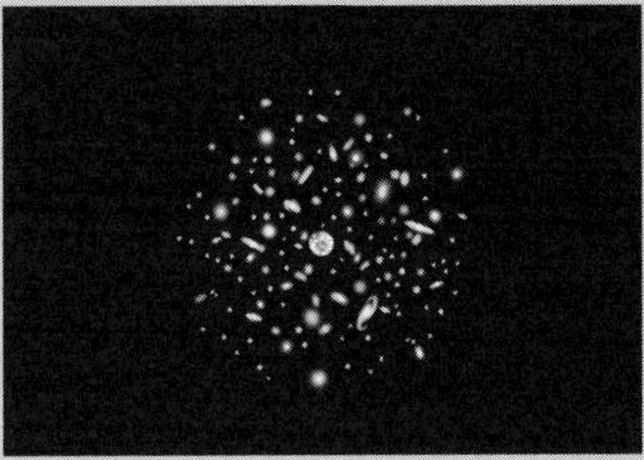

もし星《ほし》の数《かず》が有限《ゆうげん》なら，星々《ほしぼし》は引力《いんりょく》によっていずれ1か所《しょ》に集《あつ》まってしまうはずだと考《かんが》えられたため，否定《ひてい》されました。

4. 空間《くうかん》が膨張《ぼうちょう》して光《ひかり》が見《み》えなくなったから

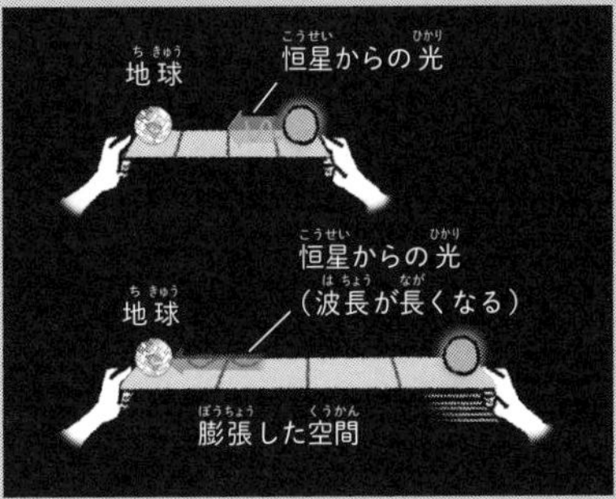

「赤方偏移《せきほうへんい》」とは，光《ひかり》が地球《ちきゅう》に届《とど》くまでに，光《ひかり》の波《は》長《ちょう》が空間《くうかん》の膨張《ぼうちょう》とともに引《ひ》き伸《の》ばされることです。赤方偏移《せきほうへんい》によって，遠《とお》くの星《ほし》からの光《ひかり》が，目《め》に見《み》えない赤外線《せきがいせん》や電波《でんぱ》になります。

— オルバースのパラドックス —

4 観測《かんそく》できる星《ほし》の数《かず》は限《かぎ》られている

トムソンは現代《げんだい》の宇宙論《うちゅうろん》に近《ちか》い宇宙《うちゅう》の姿《すがた》を想像《そうぞう》

オルバースのパラドックスを解決《かいけつ》する説明《せつめい》は，1901年《ねん》，イギリスの物理学者《ぶつりがくしゃ》のウィリアム・トムソン（ケルビン卿《きょう》，1824～1907）によってなされたのが最初《さいしょ》だと考《かんが》えられています。

トムソンは，宇宙《うちゅう》に星《ほし》が無限《むげん》に存在《そんざい》したとしても，星《ほし》に寿命《じゅみょう》があり，見《み》える宇宙《うちゅう》の範囲《はんい》も限《かぎ》られているので，宇宙《うちゅう》が暗《くら》いのだと説明《せつめい》していたといいます。

見通《みとお》せる宇宙《うちゅう》の広《ひろ》さに限界《げんかい》がある

現在《げんざい》では，宇宙《うちゅう》にははじまりがあり，宇宙《うちゅう》は約《やく》138億年前《おくねんまえ》に誕生《たんじょう》したと考《かんが》えられています。私《わたし》たちが目《め》にできるのは，138億年《おくねん》という宇宙《うちゅう》の歴史《れきし》の中《なか》で，光《ひかり》が約《やく》138億年《おくねん》かけて届《とど》く範囲《はんい》にある天体《てんたい》の光《ひかり》だけなのです。

私《わたし》たちが観測《かんそく》できる範囲《はんい》の外側《そとがわ》にも，宇宙空《うちゅうくう》間《かん》はさらに広《ひろ》がっていると考《かんが》えられています。しかしそういった場所《ばしょ》からの光《ひかり》は，私《わたし》たちにはまだ届《とど》いていないので見《み》えません。また，恒星《こうせい》は，永遠《えいえん》に輝《かがや》きつづけているわけではなく，いずれは燃《も》え尽《つ》きます。

これらの要素《ようそ》を考慮《こうりょ》して，宇宙《うちゅう》の明《あか》るさを計《けい》算《さん》すると，現実《げんじつ》の宇宙《うちゅう》の明《あか》るさを非常《ひじょう》によく説《せつ》明《めい》できるといいます。

4 パラドックスの解決《かいけつ》

オルバースたちが考《かんが》えた宇宙《うちゅう》の姿《すがた》と，現代《げんだい》の宇宙論《うちゅうろん》にもとづいた宇宙《うちゅう》の姿《すがた》をえがきました。オルバースたちが考《かんが》えた宇宙《うちゅう》では，恒星《こうせい》は過去《かこ》から輝《かがや》きつづけています。一方《いっぽう》，実際《じっさい》の宇宙《うちゅう》では，観測《かんそく》できる範囲《はんい》に限《かぎ》りがあるとともに，星《ほし》には寿命《じゅみょう》があるため，地球《ちきゅう》に光《ひかり》が届《とど》かない場合《ばあい》があります。

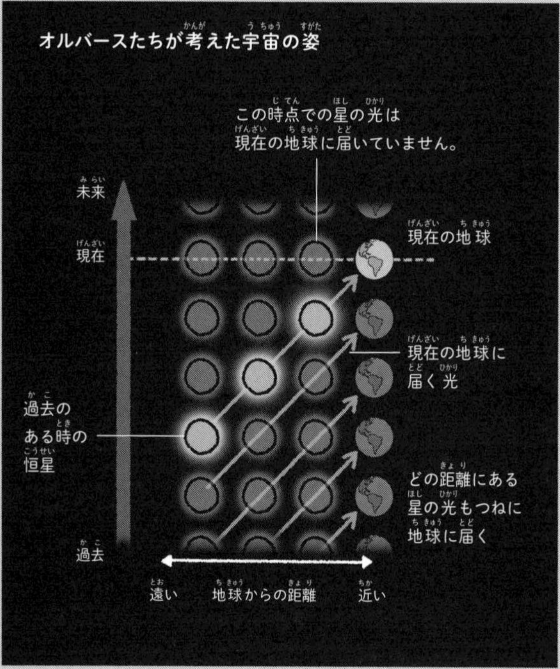

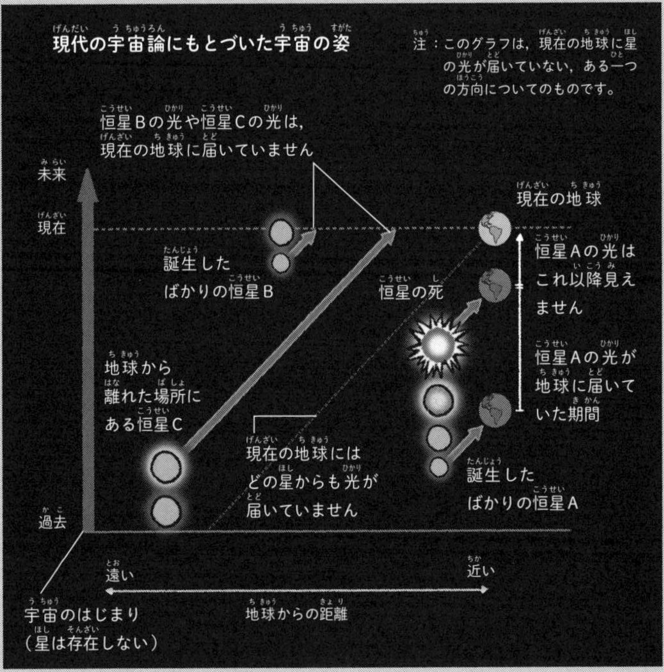

現代《げんだい》の宇宙論《うちゅうろん》にもとづいた宇宙《うちゅう》の姿《すがた》

マルハナバチのパラドックス

ロシアの作曲家《さっきょくか》のニコライ・リムスキー＝コルサコフ（1844～1908）が作曲《さっきょく》した曲《きょく》に，『熊蜂《くまばち》の飛行《ひこう》』というものがあります。**曲名《きょくめい》の通《とお》り，ハチが飛《と》びまわるようすが鮮明《せんめい》に思《おも》い浮《う》かぶ曲《きょく》です。**英語《えいご》のタイトルは，『Flight《フライト》 of《オブ》 the《ザ》 Bumblebee《バンブルビー》』です。邦題《ほうだい》では熊蜂《くまばち》とされていますけれど，Bumblebee《バンブルビー》はマルハナバチです。

かつてマルハナバチやクマバチは，「航空力学的《こうくうりきがくてき》に，飛《と》ぶことはできないはずなのに飛《と》べている」と考《かんが》えられていました。彼《かれ》らの体《からだ》は丸《まる》みを帯《お》びており，この体《からだ》を支《ささ》えて飛《と》ぶには，羽《はね》が小《ちい》さすぎると考《かんが》えられていたのです。**飛《と》べる理由《りゆう》があまりにもわからなかったため，「飛《と》べると信《しん》じているから飛《と》べるのだ」といわれていたほどです。**

科学《かがく》の進歩《しんぽ》とともに，マルハナバチたちが飛《と》べる理由《りゆう》も解明《かいめい》されました。**彼《かれ》らは，羽《はね》のはばたきで空《くう》気《き》の渦《うず》をつくりだし，それを上手《じょうず》につかんで飛《と》んでいるのです。**これは，飛行機《ひこうき》が空《そら》を飛《と》ぶのとは，まったくちがう原理《げんり》です。

— フェルミのパラドックス —

5 フェルミ「宇宙人《うちゅうじん》は，いったいどこにいるのか！」

現在《げんざい》までに，地球外文明《ちきゅうがいぶんめい》との接触《せっしょく》の証拠《しょうこ》は皆無《かいむ》

　宇宙《うちゅう》には膨大《ぼうだい》な数《かず》の星《ほし》があることから，地球《ちきゅう》以外《いがい》に知的文明《ちてきぶんめい》があってもいいはずです。そしてそのうちのいくつかは，地球《ちきゅう》に到達《とうたつ》していてもおかしくありません。**それなのに，現在《げんざい》までに地《ち》球外文明《きゅうがいぶんめい》との接触《せっしょく》の証拠《しょうこ》は皆無《かいむ》です。**イタリアの物理学者《ぶつりがくしゃ》のエンリコ・フェルミ（1901～1954）が，1950年《ねん》に指摘《してき》したこの矛盾《むじゅん》は，「フェルミのパラドックス」とよばれます。

5 遠《とお》くの星《ほし》からきた宇宙船《うちゅうせん》

今《いま》のところ，地球人以外《ちきゅうじんいがい》に知的生命《ちてきせいめい》は見当《みあ》たりません。しかしもしかすると，宇宙人《うちゅうじん》は地球人《ちきゅうじん》の存在《そんざい》を知《し》っていて，あえて接《せっ》触《しょく》してこないだけなのかもしれません。イラストは，はるか遠《とお》くの星《ほし》からきた宇宙船《うちゅうせん》が，地球人《ちきゅうじん》の様子《ようす》をうかがっている想像《そうぞう》図《ず》です。

電波《でんぱ》などによる通信《つうしん》は，可能《かのう》かもしれない

このパラドックスには，さまざまな解釈《かいしゃく》があります。たとえば，地球《ちきゅう》以外《いがい》に知的生命《ちてきせいめい》は存在《そんざい》しないという解釈《かいしゃく》があります。それから，知的《ちてき》生命《せいめい》は存在《そんざい》するものの，地球《ちきゅう》からあまりにはなれているので到達《とうたつ》できていないだけだという解《かい》釈《しゃく》もあります。

知的生命《ちてきせいめい》が存在《そんざい》する場合《ばあい》，知的生命《ちてきせいめい》が恒星間旅《こうせいかんりょ》行《こう》をすることが不可能《ふかのう》でも，電波《でんぱ》などによる通信《つうしん》は可能《かのう》かもしれません。**私《わたし》たちが調《しら》べることができるのは，観測能力《かんそくのうりょく》の関係《かんけい》から，ごくごく近《きん》傍《ぼう》の星々《ほしぼし》だけです。**そこで，宇宙全体《うちゅうぜんたい》ではなく，私《わたし》たちの銀河系《ぎんがけい》に的《まと》をしぼって，この問題《もんだい》を考《かんが》えていきましょう。

— フェルミのパラドックス —

6　天《あま》の川《がわ》銀河《ぎんが》に，知的《ちてき》な文明《ぶんめい》は10個《こ》くらい

銀河系《ぎんがけい》の通信可能《つうしんかのう》な地球外文明《ちきゅうがいぶんめい》の数《かず》を求《もと》める式《しき》

1961年《ねん》，アメリカの天文学者《てんもんがくしゃ》のフランク・ドレイク（1930～　）は，銀河系《ぎんがけい》に存在《そんざい》する通信可能《つうしんかのう》な地球外文明《ちきゅうがいぶんめい》の数《かず》を求《もと》めようと，次《つぎ》のような「ドレイクの方程式《ほうていしき》」を考案《こうあん》しました。

$$N = R^* \times fp \times ne \times fl \times fi \times fc \times L$$

「N」は，通信可能《つうしんかのう》な地球外文明《ちきゅうがいぶんめい》の数《かず》です。「R^*」は，銀河系《ぎんがけい》で1年間《ねんかん》に生《う》まれる恒星《こうせい》の数《かず》です。「fp」は，惑星《わくせい》をもつ恒星系《こうせいけい》の割合《わりあい》です。「ne」は，恒星系《こうせいけい》の「ハビタブルゾーン」にある，惑星数《わくせいすう》の平均値《へいきんち》です。ハビタブルゾーンは，惑星《わくせい》の表面《ひょうめん》に液体《えきたい》の水《みず》が存在《そんざい》できる，生命居住可能《せいめいきょじゅうかのう》

領域《りょういき》のことです。「fl」は，惑星《わくせい》で生命《せいめい》が誕生《たんじょう》する割合《わりあい》です。「fi」は，誕生《たんじょう》した生命《せいめい》が知的生命《ちてきせいめい》体《たい》まで進化《しんか》する割合《わりあい》です。「fc」は，知的生命体《ちてきせいめいたい》が惑星間通信《わくせいかんつうしん》を行《おこな》う割合《わりあい》です。「L」は，惑星外《わくせいがい》通信《つうしん》を行《おこな》う文明《ぶんめい》が何年《なんねん》もつかという存続期間《そんぞくきかん》です。

式《しき》の後半《こうはん》の数値《すうち》には，何《なん》の根拠《こんきょ》もない

ドレイクが数値《すうち》をあてはめて計算《けいさん》すると，「$N = 10$」となりました。**この結果《けっか》は，地球《ちきゅう》が孤独《こどく》な存在《そんざい》ではないことを示《しめ》す一方《いっぽう》で，地球《ちきゅう》の希少《きしょう》さを実感《じっかん》させます。**ただしこの数字《すうじ》が妥当《だとう》かどうかは，意見《いけん》が分《わ》かれるところです。なぜなら，式《しき》の後半《こうはん》の数値《すうち》に関《かん》しては，何《なん》の根拠《こんきょ》もないからです。

6 ドレイクの方程式《ほうていしき》と試算《しさん》

銀河系《ぎんがけい》には2000億個《おくこ》もの恒星《こうせい》があるといわれています。ドレイクは，銀河系《ぎんがけい》に通信可能《つうしんかのう》な知的文明《ちてきぶんめい》がいくつあるのかを推定《すいてい》するドレイクの方程式《ほうていしき》を考案《こうあん》し，下《した》の式《しき》のように試算《しさん》しました。ドレイクの試算《しさん》によれば，銀河系《ぎんがけい》に知的文明《ちてきぶんめい》は10個《こ》という結果《けっか》になります。

ドレイクの方程式《ほうていしき》

通信可能《つうしんかのう》な
地球外文明《ちきゅうがいぶんめい》の数《かず》

惑星《わくせい》をもつ
恒星系《こうせいけい》の割合《わりあい》

ハビタブルゾーンにある惑星《わくせい》で
生命《せいめい》が誕生《たんじょう》する割合《わりあい》

知的生命体《ちてきせいめいたい》が惑星間《わくせいかん》
通信《つうしん》を行《おこな》う割合《わりあい》

$$N = R^{*} \times f_{p} \times n_{e} \times f_{l} \times f_{i} \times f_{c} \times L$$

銀河系《ぎんがけい》で1年間《ねんかん》に
生《う》まれる恒星《こうせい》の数《かず》

誕生《たんじょう》した生命《せいめい》が知的生命体《ちてきせいめいたい》
まで進化《しんか》する割合《わりあい》

恒星系《こうせいけい》のハビタブルゾーンに
ある惑星数《わくせいすう》の平均値《へいきんち》

文明《ぶんめい》の
存続期間《そんぞくきかん》

ドレイクがあてはめた数値《すうち》

ハビタブルゾーンにある惑星《わくせい》で
生命《せいめい》が誕生《たんじょう》する割合《わりあい》：100％

惑星《わくせい》をもつ
恒星系《こうせいけい》の割合《わりあい》：50％

知的生命体《ちてきせいめいたい》が惑星間《わくせいかん》
通信《つうしん》を行《おこな》う割合《わりあい》：1％

$$N = 10 \times 0.5 \times 2 \times 1 \times 0.01 \times 0.01 \times 10000$$

銀河系《ぎんがけい》で1年間《ねんかん》に生《う》まれる
恒星《こうせい》の数《かず》：10個《こ》

誕生《たんじょう》した生命《せいめい》が知的生命体《ちてきせいめいたい》
まで進化《しんか》する割合《わりあい》：1％

恒星系《こうせいけい》のハビタブルゾーンに
ある惑星数《わくせいすう》の平均値《へいきんち》：2個《こ》

文明《ぶんめい》の存続《そんぞく》
期間《きかん》：1万年《まんねん》

7 地球似《ちきゅうに》の惑星《わくせい》は，続々《ぞくぞく》と発見《はっけん》されている

銀河系《ぎんがけい》の1300億個《おくこ》の恒星《こうせい》に，一《ひと》つ以上《いじょう》の惑星《わくせい》

文明《ぶんめい》が築《きず》かれているかどうかは考《かんが》えないとして，銀河系《ぎんがけい》に地球《ちきゅう》に似《に》た惑星《わくせい》がどれだけあるのか，最近《さいきん》の研究成果《けんきゅうせいか》を紹介《しょうかい》しましょう。

私《わたし》たちの住《す》む銀河系《ぎんがけい》にある恒星《こうせい》の数《かず》は，約《やく》2000億個《おくこ》にものぼると推定《すいてい》されています。では，それらの膨大《ぼうだい》な数《かず》の恒星《こうせい》のうち，一《ひと》つ以上《いじょう》の惑星《わくせい》をもつ割合《わりあい》（fp）はどれくらいなのでしょうか。

これまでの観測結果《かんそくけっか》によれば，恒星《こうせい》が一《ひと》つ以上《いじょう》の惑星《わくせい》をもつ割合《わりあい》は，65％程度《ていど》と見積《みつ》もられています（$fp = 0.65$）。**つまり，2000億個《おくこ》×0.65 ＝1300億個《おくこ》の恒星《こうせい》に，一《ひと》つ以上《いじょう》の惑星《わくせい》があることになります。**

7 ハビタブルゾーン

ハビタブルゾーンは，恒星《こうせい》の温度《おんど》によってかわります。恒星《こうせい》の温度《おんど》は，恒星《こうせい》の質量《しつりょう》によって決《き》まります。イラストでは，質量《しつりょう》が太陽《たいよう》の0.1倍《ばい》から1.3倍《ばい》までの恒星《こうせい》のまわりのハビタブルゾーンをえがきました。

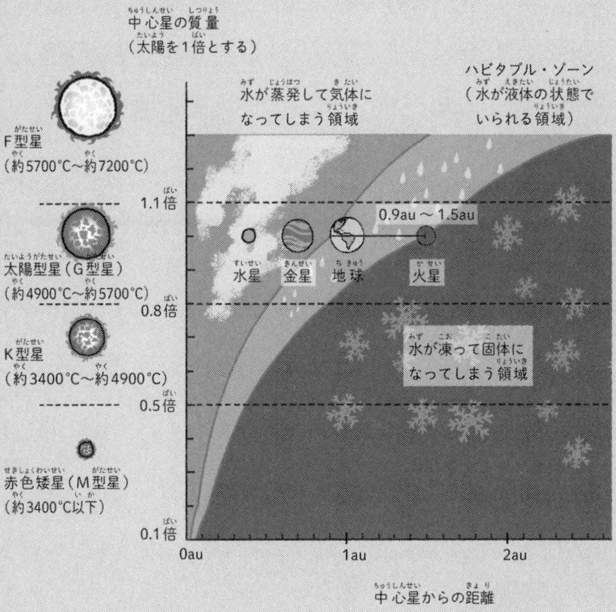

注《ちゅう》：auは，「天文単位《てんもんたんい》」という長《なが》さの単位《たんい》で，1auは約《やく》1億《おく》5000万《まん》キロメートルです。
この距離《きょり》は，地球《ちきゅう》と太陽《たいよう》の平均距離《へいきんきょり》に由来《ゆらい》します。

銀河系《ぎんがけい》には，地球《ちきゅう》に似《に》た惑星《わくせい》が1300億個《おくこ》ある

では，ある恒星《こうせい》が惑星《わくせい》をもっていたとして，そのうちハビタブルゾーン内《ない》にある惑星《わくせい》の数《かず》（n_e）はいくつぐらいなのでしょうか。**確定的《かくていてき》なことはいえないものの，恒星《こうせい》のまわりにある惑星《わくせい》のうち1個程度《こていど》は，ハビタブルゾーン内《ない》にある地球型惑《ちきゅうがたわく》星《せい》だといえるかもしれないといいます（n_e＝1）。**つまり，銀河系内《ぎんがけいない》にある地球《ちきゅう》に似《に》た惑星《わくせい》の数《かず》は，1300億個《おくこ》ということになります。

— フェルミのパラドックス —

8 宇宙人探《うちゅうじんさが》しは，真剣《しんけん》に行《おこな》われている

1960年《ねん》に，世界初《せかいはつ》の地球外知的生命探査《ちきゅうがいちてきせいめいたんさ》

1960年代以降《ねんだいいこう》，世界《せかい》の天文学者《てんもんがくしゃ》たちを中心《ちゅうしん》として，地球外知的生命《ちきゅうがいちてきせいめい》からの信号《しんごう》をとらえようとする，さまざまな試《こころ》みが行《おこな》われています。それらは総称《そうしょう》して「SETI《セチ》（地球外知的生命探査《ちきゅうがいちてきせいめいたんさ》）」とよばれています。

世界初《せかいはつ》のSETI《セチ》は，ドレイクが1960年《ねん》にアメリカのグリーンバンクの電波望遠鏡《でんぱぼうえんきょう》を使《つか》って行《おこな》った，「オズマ計画《けいかく》」です。オズマ計画《けいかく》から現在《げんざい》に至《いた》るまで，多《おお》くの場合《ばあい》，電波《でんぱ》の観測《かんそく》によるSETI《セチ》が行《おこな》われてきました。日本《にほん》では，2005年《ねん》から兵庫県立西《ひょうごけんりつにし》はりま天文台《てんもんだい》で，可視光線《かしこうせん》の観測《かんそく》による「OSETI《オセチ》（光学的《こうがくてき》SETI《セチ》）」が行《おこな》われています。

信号《しんごう》を検出《けんしゅつ》することは，簡単《かんたん》ではない

　これまで，正体《しょうたい》不《ふ》明《めい》の信号《しんごう》が検出《けんしゅつ》された例《れい》はいくつかあるものの，地《ち》球《きゅう》外《がい》知《ち》的《てき》生《せい》命《めい》からの信《しん》号《ごう》と断定《だんてい》された例《れい》はありません。地《ち》球《きゅう》外《がい》知《ち》的《てき》生《せい》命《めい》からの信号《しんごう》を検出《けんしゅつ》することは，簡単《かんたん》なことではありません。しかし，もしかすると明日《あす》，宇《う》宙人《ちゅうじん》からの信号《しんごう》がキャッチされ，フェルミのパラドックスが，パラドックスでなくなるかもしれません。

SETI《セチ》は「Search《サーチ》 for《フォー》 Extraterrestrial《エクストラテレストリアル》 Intelligence《インテリジェンス》」の略《りゃく》で，OSETI《オセチ》は「Optical《オプティカル》 Search《サーチ》 for《フォー》 Extraterrestrial《エクストラテレストリアル》 Intelligence《インテリジェンス》」の略《りゃく》だぞ。

8 信号《しんごう》を待《ま》つ電波望遠鏡《でんぱぼうえんきょう》

イラストは，地球外知的生命《ちきゅうがいちてきせいめい》からの信号《しんごう》をとらえようとしている，電波望遠鏡《でんぱぼうえんきょう》のイメージです。現在《げんざい》までに，宇宙人《うちゅうじん》からの信《しん》号《ごう》がとらえられたことはありません。

天文学《てんもんがく》で功績《こうせき》を残《のこ》した医師《いし》

原子力《げんしりょく》を生《う》んだ天才《てんさい》物理《ぶつり》学者《がくしゃ》

第《だい》4章《しょう》

物理学《ぶつりがく》のパラドックス

物理学《ぶつりがく》との関係《かんけい》が深《ふか》いパラドックスのことを，ここでは「物理学《ぶつりがく》のパラドックス」とよぶことにします。第《だい》4章《しょう》では，物理学《ぶつりがく》のパラドックスのうち，時間《じかん》や空間《くうかん》，重力《じゅうりょく》をとりあつかう「相対性理論《そうたいせいりろん》」に関連《かんれん》する「双子《ふたご》のパラドックス」と，タイムトラベルが生《う》みだす「タイムパラドックス」を紹介《しょうかい》しましょう。

— 双子《ふたご》のパラドックス —

1 光速《こうそく》に近《ちか》づくほど，時間《じかん》の進《すす》みは遅《おそ》くなる

アインシュタインは，常識的《じょうしきてき》な考《かんが》えをくつがえした

17世紀後半《せいきこうはん》，イギリスの天才科学者《てんさいかがくしゃ》のアイザック・ニュートン（1643～1727）は，「絶対時《ぜったいじ》間《かん》」と「絶対空間《ぜったいくうかん》」という考《かんが》え方《かた》を提唱《ていしょう》しました。絶対時間《ぜったいじかん》と絶対空間《ぜったいくうかん》は，だれにとっても1秒《びょう》は1秒《びょう》，1メートルは1メートルという考《かんが》え方《かた》です。この常識的《じょうしきてき》な考《かんが》え方《かた》を根本的《こんぽんてき》にくつがえしたのが，ドイツの物理学者《ぶつりがくしゃ》のアルバート・アインシュタイン（1879～1955）です。

1 伸《の》び縮《ちぢ》みする時間《じかん》と空間《くうかん》

宇宙船《うちゅうせん》の外《そと》にいるアリスから見《み》ると，高速《こうそく》で進《すす》む宇宙船内《うちゅうせんない》のボブのストップウォッチは，ゆっくり進《すす》んでいます。また，アリスから見《み》ると，ボブの体《からだ》を含《ふく》めた宇宙船内《うちゅうせんない》のあらゆる物《もの》の長《なが》さが，進行方向《しんこうほうこう》に縮《ちぢ》みます。

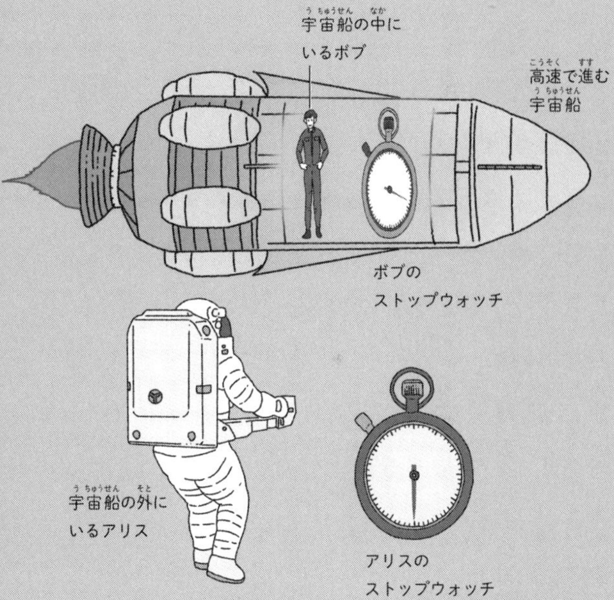

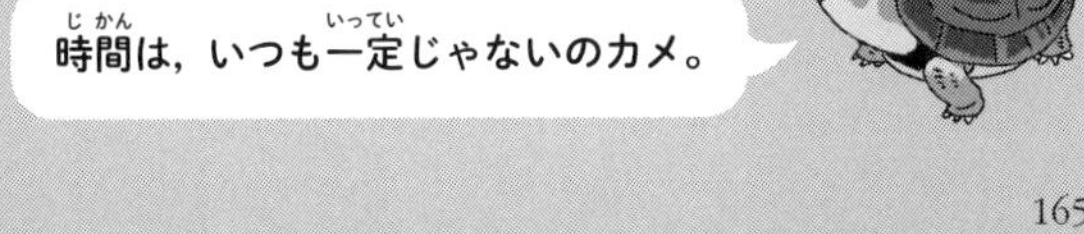

時間《じかん》や空間《くうかん》は，見《み》る立場《たちば》によってことなる

アインシュタインは，1905年《ねん》に発表《はっぴょう》した「特《とく》殊相対性理論《しゅそうたいせいりろん》」で，時間《じかん》の進《すす》み方《かた》と物《もの》や空間《くうかん》の長《なが》さは，見《み》る立場《たちば》によって変《か》わりうると指摘《してき》しました。**つまり時間《じかん》と空間《くうかん》は，ニュートンが考《かんが》えたように絶対的《ぜったいてき》なものではなく，相対的《そうたいてき》なものであるというのです。**

たとえば，宇宙船《うちゅうせん》の外《そと》のアリスのもったストップウォッチの1秒《びょう》と，宇宙船《うちゅうせん》の中《なか》のボブのもったストップウォッチの1秒《びょう》を比較《ひかく》すると，故障《こしょう》でもないのに，一致《いっち》しないことがありえるといいます（165ページのイラスト）。また，ボブが1メートルだと主張《しゅちょう》する物体《ぶったい》をアリスが見《み》ると，1メートルではないということがありえるといいます。

— 双子《ふたご》のパラドックス —

2 ロケットの兄《あに》と地球《ちきゅう》の弟《おとうと》，年《とし》をとるのはどっち？

再会《さいかい》したときに，弟《おとうと》は兄《あに》よりも年《とし》をとっている

パラドックスの本題《ほんだい》に入《はい》りましょう。地球《ちきゅう》に，双子《ふたご》の兄弟《きょうだい》がいるとします。兄《あに》は，地球《ちきゅう》から6光年《こうねん》はなれたバーナード星《せい》への旅《たび》に出《で》かけることになりました。一方《いっぽう》の弟《おとうと》は，地球《ちきゅう》で留守番《るすばん》です。兄《あに》が乗《の》るロケットは，非常《ひじょう》に高性能《こうせいのう》で，どんな加速《かそく》も減速《げんそく》もできるといいます。

特殊相対性理論《とくしゅそうたいせいりろん》によると，地球《ちきゅう》にいる弟《おとうと》の立《たち》場《ば》で考《かんが》えた場合《ばあい》，高速《こうそく》で運動《うんどう》するロケットに乗《の》っている兄《あに》の時間《じかん》は，弟《おとうと》の時間《じかん》よりもゆっくりと進《すす》みます。地球《ちきゅう》に帰《かえ》ってきた兄《あに》と再会《さいかい》したときに，弟《おとうと》は兄《あに》よりも多《おお》く年《とし》をとっていることになります。

再会《さいかい》したときに，兄《あに》は弟《おとうと》よりも年《とし》をとっている

一方《いっぽう》，この状況《じょうきょう》をロケットに乗《の》っている兄《あに》の立場《たちば》で考《かんが》えると，高速《こうそく》で遠《とお》ざかるように運動《うんどう》する地球《ちきゅう》にいる弟《おとうと》の時間《じかん》は，兄《あに》の時間《じかん》よりもゆっくりと進《すす》みます。地球《ちきゅう》で待《ま》っていた弟《おとうと》と再会《さいかい》したときに，兄《あに》は弟《おとうと》よりも多《おお》く年《とし》をとっていることになります。しかしこれは，弟《おとうと》の立場《たちば》で考《かんが》えた結論《けつろん》とは逆《ぎゃく》です。

以上《いじょう》が，「双子《ふたご》のパラドックス」とよばれるパラドックスの概要《がいよう》です。この話《はなし》の論理《ろんり》に，矛盾《むじゅん》があるのでしょうか。

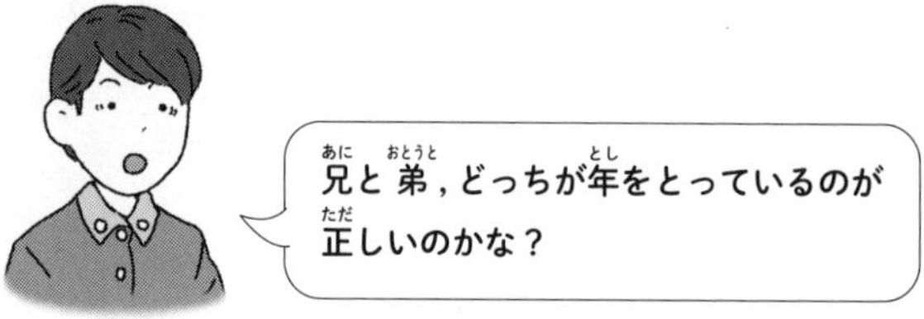

2 双子《ふたご》のパラドックス

ロケットの速《はや》さが光速《こうそく》の60％のとき，地球《ちきゅう》とバーナード星《せい》の往復《おうふく》には20年《ねん》かかります。光速《こうそく》の60％で進《すす》むロケットの中《なか》では，時間《じかん》の進《すす》み方《かた》が20％遅《おそ》くなります。つまり，弟《おとうと》から見《み》ると，兄《あに》の時間《じかん》は20年《ねん》×0.8＝16年《ねん》しか経過《けいか》していません。逆《ぎゃく》に兄《あに》から見《み》ると，弟《おとうと》のほうが16年《ねん》しか経過《けいか》していないはずです。

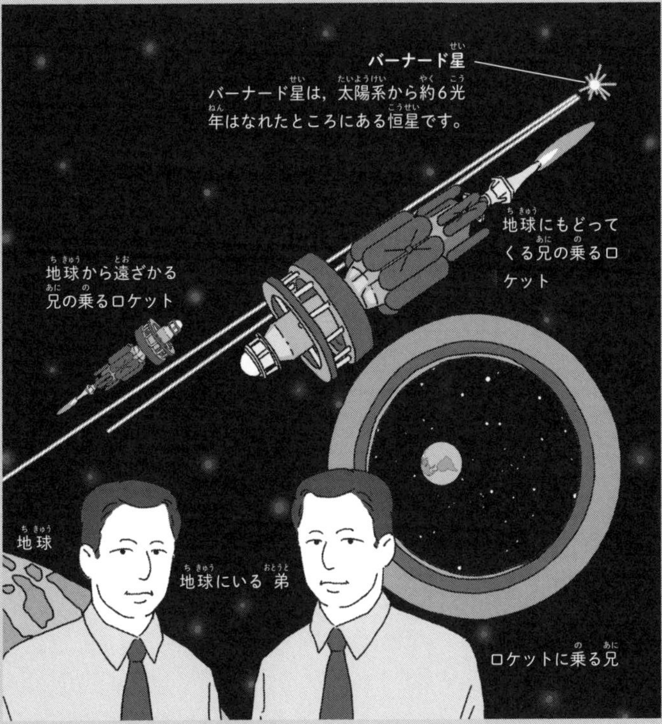

— 双子《ふたご》のパラドックス —

3 重力《じゅうりょく》が強《つよ》い場所《ばしょ》では，時間《じかん》の進《すす》みが遅《おそ》くなる

ブラックホールのそばでは，時間《じかん》はほとんど止《と》まる

双子《ふたご》のパラドックスの話《はなし》を進《すす》める前《まえ》に，アインシュタインが1915～1916年《ねん》に発表《はっぴょう》した「一《いっ》般相対性理論《ぱんそうたいせいりろん》」について紹介《しょうかい》します。一般相対性《いっぱんそうたいせい》理論《りろん》は，時間《じかん》と空間《くうかん》，そして重力《じゅうりょく》の理論《りろん》です。

一般相対性理論《いっぱんそうたいせいりろん》によれば，重力《じゅうりょく》によって光《ひかり》の進路《しんろ》は曲《ま》げられてしまいます。**また，重力《じゅうりょく》は，時間《じかん》の進《すす》み方《かた》にも影響《えいきょう》をあたえます。重力《じゅうりょく》によって，時間《じかん》がゆっくりと流《なが》れるようになるのです。**光《ひかり》を飲《の》みこんでしまうほど重力《じゅうりょく》の強《つよ》い「ブラックホール」という天体《てんたい》のそばなら，時間《じかん》はほとんど止《と》まってしまいます。

3 重力《じゅうりょく》の影響《えいきょう》を受《う》ける光《ひかり》と時間《じかん》

イラストは，太陽《たいよう》の重力《じゅうりょく》で曲《ま》げられる光《ひかり》と，重力《じゅうりょく》の強《つよ》さによって時間《じかん》の進《すす》み方《かた》が変《か》わるようすをあらわしています。時計《とけい》の針《はり》の進《すす》み方《かた》の変化《へんか》は，誇張《こちょう》してえがいています。

「慣性力《かんせいりょく》」は，重力《じゅうりょく》と同《おな》じとみなすことができる

一般相対性理論《いっぱんそうたいせいりろん》では，加速度運動《かそくどうんどう》をする際《さい》にあらわれる「慣性力《かんせいりょく》」を，本質的《ほんしつてき》に重力《じゅうりょく》と同《おな》じとみなすことができます。これを「等価原理《とうかげんり》」といいます。

たとえば，窓《まど》のない宇宙船《うちゅうせん》が，宇宙船《うちゅうせん》の中《なか》の人《ひと》の頭上方向《ずじょうほうこう》に加速《かそく》しながら進《すす》んでいるとしましょう。すると，宇宙船《うちゅうせん》の中《なか》の人《ひと》の体《からだ》に，下向《したむ》きの「慣性力《かんせいりょく》」が生《う》まれます。この慣性力《かんせいりょく》と重力《じゅうりょく》は，区別《くべつ》することができないというのです。

— 双子《ふたご》のパラドックス —

4 地球《ちきゅう》にいた弟《おとうと》のほうが，年《とし》をとっている

一定《いってい》の加速度《かそくど》で加速《かそく》し，中間点《ちゅうかんてん》から減速《げんそく》する

一般相対性理論《いっぱんそうたいせいりろん》を用《もち》いて，双子《ふたご》のパラドックスを考《かんが》えてみましょう。地球上《ちきゅうじょう》でロケットのエンジンを始動《しどう》させ，一定《いってい》の加速度《かそくど》でバーナード星《せい》に向《む》かいます（175ページのイラストの期間《きかん》A）。地球《ちきゅう》とバーナード星《せい》との中間点《ちゅうかんてん》にさしかかった瞬間《しゅんかん》にエンジンを逆噴射《ぎゃくふんしゃ》させ，減速《げんそく》しながらバーナード星《せい》に向《む》かいます（期間《きかん》B）。バーナード星《せい》を速度《そくど》ゼロで折《お》り返《かえ》し，同様《どうよう》の加速《かそく》（期間《きかん》C）と減速《げんそく》（期間《きかん》D）を行《おこな》って地球《ちきゅう》に帰《かえ》ってくるとします。

すべての期間《きかん》において，兄《あに》の時間《じかん》が遅《おく》れる

等価原理《とうかげんり》を使《つか》うと，期間《きかん》Aでは，ロケットの加《か》速運動《そくうんどう》によって地球方向《ちきゅうほうこう》への見《み》かけの重力《じゅうりょく》が生《しょう》じているとみなすことができます。期間《きかん》B，期間《きかん》C，期間《きかん》Dでもそれぞれ，ロケットの減速運動《げんそくうんどう》や加速運動《かそくうんどう》によって，見《み》かけの重力《じゅうりょく》が生《しょう》じているとみなすことができます。**このため，すべての期《き》間《かん》において兄《あに》には見《み》かけの重力《じゅうりょく》がかかっており，時間《じかん》が遅《おく》れます。**つまり，双子《ふたご》のパラドックスは，正《ただ》しくは「弟《おとうと》のほうが年《とし》をとっている」ということになるのです。

「兄《あに》のほうが年《とし》をとっていない」ともいえるカメ。

4 兄《あに》にかかる見《み》かけの重力《じゅうりょく》

期間《きかん》A～Dのすべての期間《きかん》において，ロケットの加速運動《かそくうんどう》と減《げん》速運動《そくうんどう》によって，兄《あに》には見《み》かけの重力《じゅうりょく》がかかっているとみなすことができます。このため，兄《あに》の時間《じかん》は，弟《おとうと》の時間《じかん》よりもゆっくりと進《すす》みます。

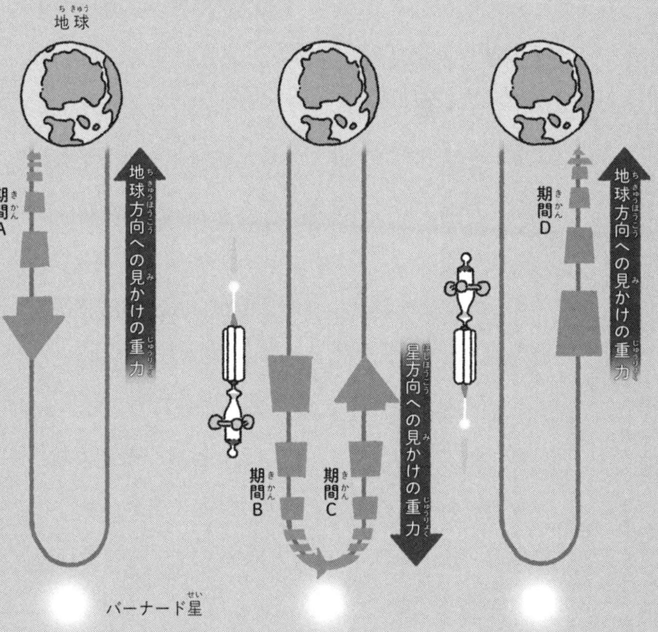

期間《きかん》A：バーナード星《せい》に向《む》けて加速《かそく》しつづける
期間《きかん》B：バーナード星《せい》に向《む》けて減速《げんそく》しつづける
期間《きかん》C：地球《ちきゅう》に向《む》けて加速《かそく》しつづける
期間《きかん》D：地球《ちきゅう》に向《む》けて減速《げんそく》しつづける

八《や》つ子《ご》のお母《かあ》さん

双子《ふたご》のパラドックスが登場《とうじょう》したので，八《や》つ子《ご》の話題《わだい》を紹介《しょうかい》しましょう。**2009年《ねん》，アメリカで八《や》つ子《ご》の赤《あか》ちゃんが誕生《たんじょう》しました。**八《や》つ子《ご》のお母《かあ》さんは，ナディアさん。「オクトマム」ともよばれています。生《う》まれたときは，全員《ぜんいん》が体重《たいじゅう》1キログラム前《ぜん》後《ご》だったものの，みな無事《ぶじ》に大《おお》きくなりました。

ナディアさんは，小《ちい》さいころから大家族《だいかぞく》にあこがれており，母《はは》になることを夢見《ゆめみ》ていたといいます。しかし，なかなか子宝《こだから》に恵《めぐ》まれませんでした。夫《おっと》には，子供《こども》はいなくてもいいといわれたそうなのですけれど，ナディアさんはどうしてもあきらめられませんでした。そこで夫《おっと》と離婚《りこん》して，体外受精《たいがいじゅせい》による治療《ちりょう》を受《う》ける決断《けつだん》をしたのだといいます。

八《や》つ子《ご》は一卵性《いちらんせい》ではなく，ナディアさんの希望《きぼう》によって，12個《こ》の体外受精卵《たいがいじゅせいらん》を同時《どうじ》に体内《たいない》に戻《もど》したことによるものだそうです。実《じつ》は彼女《かのじょ》は，八《や》つ子《ご》の出産前《しゅっさんまえ》にも，体外受精《たいがいじゅせい》によって6人《にん》の子供《こども》を産《う》んでいます。**つまりこの八《や》つ子《ご》は，なんと14人兄弟《にんきょうだい》ということになります。**

— タイムパラドックス —

5 過去《かこ》へのタイムトラベルで，過去《かこ》が変《か》わってしまう

過去《かこ》の自分《じぶん》のタイムトラベルを，阻止《そし》しようとする

タイムマシンに乗《の》って過去《かこ》や未来《みらい》へ行《い》くことを想定《そうてい》すると，いろいろなパラドックスが生《う》まれてきます。**それらの問題《もんだい》は,「タイムパラドックス」とよばれます。**

過去《かこ》にもどることができる,「タイムトンネル」があったとします。ある少女《しょうじょ》がそのタイムトンネルの入口《いりぐち》に入《はい》って，過去《かこ》にもどったとしましょう。そして過去《かこ》の自分《じぶん》がタイムトンネルに入《はい》ろうとするのを，阻止《そし》しようとします。さて，過去《かこ》の自分《じぶん》のタイムトラベルを阻止《そし》するなんてことが，できるのでしょうか？

できたと仮定《かてい》して，できないという結論《けつろん》に

仮《かり》に，過去《かこ》の自分《じぶん》のタイムトラベルを阻止《そし》できたとしましょう。すると少女《しょうじょ》は過去《かこ》にもどれなくなるので，過去《かこ》の自分《じぶん》のタイムトラベルを阻止《そし》できないことになってしまいます。**タイムトラベルを阻止《そし》できたと仮定《かてい》して，阻止《そし》できないという結論《けつろん》がみちびかれてしまいます。これは矛盾《むじゅん》です。**

182ページで，ほかの例《れい》も考《かんが》えてみましょう。

5 過去《かこ》への旅《たび》のパラドックス

タイムトラベルにより，過去《かこ》にもどって自分《じぶん》が過去《かこ》にもどることを阻止《そし》する，という状況《じょうきょう》を表現《ひょうげん》しました。阻止《そし》できると仮定《かてい》すると，少女《しょうじょ》は過去《かこ》にもどれなくなるので，過去《かこ》の自分《じぶん》のタイムトラベルを阻止《そし》できないことになります。

2. 過去《かこ》にもどる

過去《かこ》へのタイムトラベル

3. 過去《かこ》の自分《じぶん》がタイムトンネルに入《はい》ろうとするのを阻止《そし》できるか？

1. タイムトンネルの入口《いりぐち》に入《はい》る

— タイムパラドックス —

6 作者《さくしゃ》不在《ふざい》なのに，ベストセラーがわいて出《で》る

まだ書《か》きはじめていない作者《さくしゃ》に，小説《しょうせつ》を渡《わた》す

ある年《とし》にベストセラーになった小説《しょうせつ》を少女《しょうじょ》が買《か》い，数年前《すうねんまえ》にもどったとしましょう。そして小説《しょうせつ》をまだ書《か》きはじめていない作者《さくしゃ》に渡《わた》します。作者《さくしゃ》はのちにこの小説《しょうせつ》を自分《じぶん》の作品《さくひん》として発表《はっぴょう》し，ベストセラーになります。さて，この小説《しょうせつ》のほんとうの作者《さくしゃ》はだれなのでしょうか。

そう，作者《さくしゃ》はいません。**つまり，何《なに》もないところから，小説《しょうせつ》の内容《ないよう》がわいて出《で》たことになってしまうのです。**

未来《みらい》が過去《かこ》に影響《えいきょう》すると，因果律《いんがりつ》が崩壊《ほうかい》する

物理学《ぶつりがく》を含《ふく》む，すべての科学《かがく》の大前提《だいぜんてい》として，「因果律《いんがりつ》」があります。因果律《いんがりつ》とは，「あらゆる現象《げんしょう》には原因《げんいん》がある」というもので，その原因《げんいん》は結果《けっか》よりも時間的《じかんてき》に先立《さきだ》たなければならないとみなされています。

前《ぜん》ページからの例《れい》で見《み》たように，過去《かこ》へもどることができるとすると，結果《けっか》（未来《みらい》）が原因《げんいん》（過去《かこ》）に影響《えいきょう》をおよぼすことができることになり，因果律《いんがりつ》が崩壊《ほうかい》しかねません。そのため多《おお》くの科学者《かがくしゃ》は，過去《かこ》へのタイムトラベルの可能性《かのうせい》に，否定的《ひていてき》な見方《みかた》を示《しめ》しているようです。

6 作者《さくしゃ》不在《ふざい》の小説《しょうせつ》

タイムトラベルにより，過去《かこ》にもどって小説《しょうせつ》をまだ書《か》きはじめていない作者《さくしゃ》にその小説《しょうせつ》を渡《わた》す，という状況《じょうきょう》を表現《ひょうげん》しました。少女《しょうじょ》のタイムトラベルによって，小説《しょうせつ》の内容《ないよう》がどこからともなくあらわれたことになり，非常《ひじょう》に奇妙《きみょう》なことになっています。

2. 過去《かこ》にもどる

過去《かこ》へのタイムトラベル

3. 作者《さくしゃ》に小説《しょうせつ》を渡《わた》すと…?　　1. タイムトンネルの入口《いりぐち》に入《はい》る

— タイムパラドックス —

7 過去《かこ》が変《か》えられないものなら，矛盾《むじゅん》は回避《かいひ》

歴史変更《れきしへんこう》に失敗《しっぱい》することも，歴史《れきし》におりこみずみ

過去《かこ》へもどることができた場合《ばあい》でも，矛盾《むじゅん》を生《しょう》じさせない状況《じょうきょう》を考《かんが》えることはできます。それは，歴史《れきし》は決《けっ》して変《か》えられないと考《かんが》えることです。

188～189ページのイラストのように，少女《しょうじょ》が過去《かこ》へとタイムトラベルし，過去《かこ》の自分《じぶん》がタイムトラベルしようとするのを防《ふせ》ごうとしたとします。しかし足止《あしど》めにあい，過去《かこ》の自分《じぶん》のタイムトラベルを止《と》めることができませんでした。この場《ば》合《あい》，少女《しょうじょ》は過去《かこ》にもどっているものの，歴史《れきし》を変《か》えることには成功《せいこう》していないため，矛盾《むじゅん》は生《しょう》じません。**少女《しょうじょ》が歴史《れきし》を変《か》えることに失敗《しっぱい》することも，歴史《れきし》におりこみずみというわけです。**

自由意志《じゆういし》などないということになるのか

　しかし，許《ゆる》される過去《かこ》へのタイムトラベルがすべてこのようなものなら，別《べつ》の疑問《ぎもん》が生《しょう》じます。私《わたし》たちは，自由意志《じゆういし》でみずからの行動《こうどう》を決《き》めていると信《しん》じています。**しかし過去《かこ》にもどっても決《けっ》して歴史《れきし》を変《か》えられないとすると，私《わたし》たちには自由意志《じゆういし》などないということになりそうです。**

この考《かんが》え方《かた》だと，人《ひと》は自分《じぶん》の意《い》思《し》で行動《こうどう》できないことになってしまうカメ。

7 矛盾《むじゅん》が生《しょう》じない過去《かこ》への旅《たび》

少女《しょうじょ》は，タイムトンネルに入《はい》って（1），過去《かこ》へもどり（2），過《か》去《こ》の自分《じぶん》がタイムトンネルに入《はい》るのを阻止《そし》しようと考《かんが》えます。しかし，途中《とちゅう》で予想外《よそうがい》に人《ひと》に道《みち》をたずねられて足止《あしど》めをくらい（3），その間《あいだ》に過去《かこ》の少女《しょうじょ》はタイムトンネルに入《はい》ってしまいました。

2. 過去《かこ》にもどる

過去《かこ》へのタイムトラベル

— タイムパラドックス —

8 「パラレルワールド」が実在《じつざい》すれば，矛盾《むじゅん》はない

多世界解釈《たせかいかいしゃく》では，別《べつ》の世界《せかい》も実在《じつざい》すると考《かんが》える

過去《かこ》への旅《たび》が生《う》む矛盾《むじゅん》を解決《かいけつ》する考《かんが》え方《かた》として，「パラレルワールド（並行世界《へいこうせかい》）」の存在《そんざい》を仮《か》定《てい》するというものがあります。これは，量子論《りょうしろん》の「多世界解釈《たせかいかいしゃく》」にもとづいた考《かんが》え方《かた》です。

ある放射性物質《ほうしゃせいぶっしつ》の原子核《げんしかく》が，半減期《はんげんき》1日《にち》で崩壊《ほうかい》するとしましょう。原子核《げんしかく》が1日後《にちご》までに崩壊《ほうかい》する確率《かくりつ》は50％，1日《にち》たっても崩壊《ほうかい》しない確率《かくりつ》も50%です。そして1日後《にちご》，実際《じっさい》に原子核《げんしかく》の崩壊《ほうかい》が観測《かんそく》されたとしましょう。このとき多世界解釈《たせかいかいしゃく》では，原子核《げんしかく》が崩壊《ほうかい》していない別《べつ》の世界《せかい》（パラレルワールド）も実在《じつざい》する，と考《かんが》えます。

8 多世界解釈《たせかいかいしゃく》とタイムトラベル

少女《しょうじょ》がタイムトラベルして過去《かこ》にもどります（1，2）。その後《ご》，枝分《えだわ》かれした世界《せかい》で，過去《かこ》の自分《じぶん》がタイムトラベルしようとするのを阻止《そし》したとします（3）。その場合《ばあい》でも，少女《しょうじょ》がもともといた世界《せかい》は存在《そんざい》したままなので，矛盾《むじゅん》は生《しょう》じません。

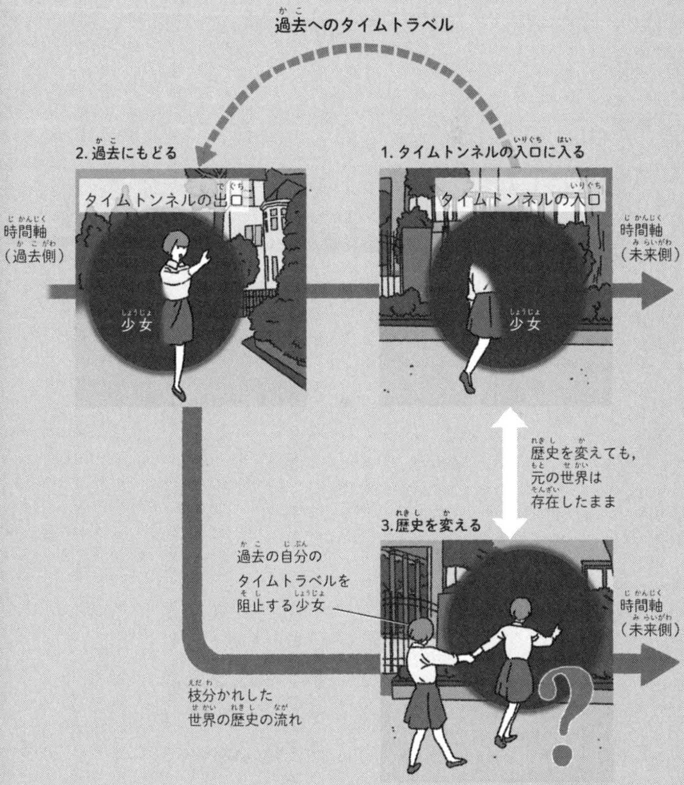

過去《かこ》の歴史《れきし》を変《か》えても，元《もと》の未来《みらい》は存在《そんざい》する

多世界解釈《たせかいかいしゃく》によると，タイムトラベラーが過《か》去《こ》にもどって歴史《れきし》を変《か》えた場合《ばあい》，タイムトラベラーは元《もと》の未来《みらい》とは別《べつ》の歴史《れきし》の世界《せかい》に移《うつ》るとします。タイムトラベラーが過去《かこ》の歴史《れきし》を変《か》えたとしても，元《もと》の未来《みらい》は依然《いぜん》として存在《そんざい》するので，矛《む》盾《じゅん》は生《しょう》じないと考《かんが》えるのです。この解釈《かいしゃく》にもとづくと，過去《かこ》にもどって歴史《れきし》を変《か》えたとしても，その影響《えいきょう》は元《もと》の世界《せかい》の歴史《れきし》にはおよばないことになります。

ある世界《せかい》において枝分《えだわ》かれした別《べつ》の世界《せかい》を確認《かくにん》する方法《ほうほう》はないため，この解釈《かいしゃく》が正《ただ》しいかどうかは，検証《けんしょう》することができないんじゃ。

memo

めずらしいドッグズ

イヌの祖先《そせん》は，野生《やせい》のオオカミだと考《かんが》えられています。それを人類《じんるい》が家畜化《かちくか》し，品種改良《ひんしゅかいりょう》を重《かさ》ねたものが，現代《げんだい》のイヌです。現代《げんだい》のイヌの種類《しゅるい》は，全世界《ぜんせかい》で700～800種《しゅ》ともいわれています。ここでは，パラドックス…ではなく，めずらしいドッグズを紹介《しょうかい》しましょう。

古代《こだい》エジプトのアヌビス神《しん》に似《に》ている「ファラオハウンド」，マリ共和国《きょうわこく》の一部民族《いちぶみんぞく》にのみ飼《か》われていた「アザワク」，ドレッドヘアのような毛《け》の「プーリー」などは，日本《にほん》での登録頭数《とうろくとうすう》が非常《ひじょう》に少《すく》ない犬種《けんしゅ》です。「チャイニーズクレステッドドッグ」は，頭《あたま》と足《あし》と尾《お》にしか毛《け》がありません。「ベドリントンテリア」は，イヌなのに子《こ》ヒツジのような見《み》た目《め》をしています。

「メキシカンヘアレスドッグ」は，毛《け》のないイヌです。湯《ゆ》たんぽのかわりにされていたといいます。「ベルジアンシェパードドッグマリノア」は，新型《しんがた》コロナウイルスの感染者《かんせんしゃ》を匂《にお》いで感知《かんち》する実験《じっけん》に成《せい》功《こう》したといいます。イヌの容姿《ようし》や能力《のうりょく》の多様《たよう》さには，おどろかされるばかりです。

さくいん

シリーズ第《だい》7弾《だん》!!

ニュートン超《ちょう》図《ず》解《かい》新書《しんしょ》

最強《さいきょう》に面白《おもしろ》い

睡眠

2023年《ねん》8月《がつ》発売《はつばい》予定《よてい》　新書判《しんしょばん》・200ページ　990円《えん》(税込《ぜいこみ》)

　みなさんは，毎日《まいにち》ぐっすりと眠《ねむ》れているでしょうか。睡眠不足《すいみんぶそく》になると，体《からだ》はつらいですし，気分《きぶん》も重《おも》くなります。仕事《しごと》や勉強《べんきょう》の効率《こうりつ》も，落《お》ちてしまいます。

　日本人《にほんじん》の睡眠《すいみん》は，不足《ふそく》しているようです。OECD《オーイーシーディー》(経済協力開発機構《けいざいきょうりょくかいはつきこう》)がまとめたデータによると，2018年《ねん》の日本人《にほんじん》の平均睡眠時間《へいきんすいみんじかん》は，7時間《じかん》22分《ふん》でした。これは，調査対象《ちょうさたいしょう》の26か国《こく》の平均《へいきん》よりも，1時間以上《じかんいじょう》も短《みじか》い時間《じかん》だといいます。私《わたし》たち日本人《にほんじん》は，睡眠《すいみん》のしくみについて知《し》り，ぐっすりと眠《ねむ》ることが大切《たいせつ》なのではないでしょうか。

　本書《ほんしょ》は，2020年《ねん》11月《がつ》に発売《はつばい》された，ニュートン式超図解《しきちょうずかい》 最強《さいきょう》に面白《おもしろ》い!!『睡眠《すいみん》』の新書版《しんしょばん》です。睡眠《すいみん》のしくみについて，“最強《さいきょう》に”面白《おもしろ》く紹介《しょうかい》します。ぜひご期待《きたい》ください！

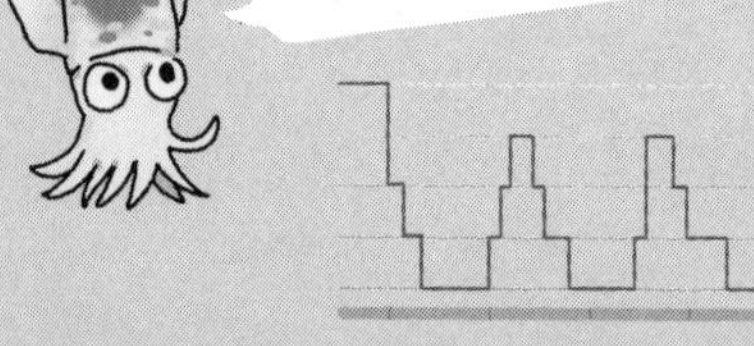

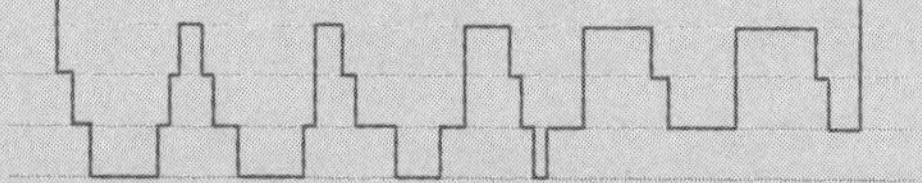

主《おも》な内容《ないよう》

ぐっすり眠《ねむ》る方法《ほうほう》

高校生《こうこうせい》が，眠《ねむ》らない実験《じっけん》をやってみた

睡眠《すいみん》の状態《じょうたい》は，「脳波《のうは》」でわかる

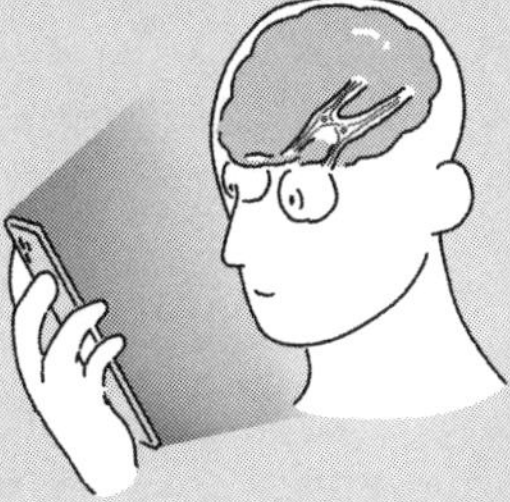

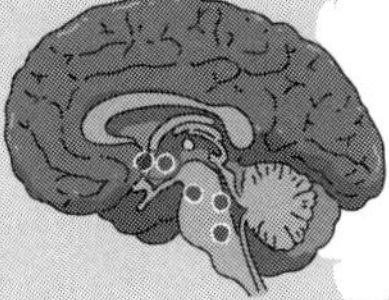

眠《ねむ》りのしくみ

目覚《めざ》めるための脳《のう》と，眠《ねむ》るための脳《のう》

1日《にち》のリズムを生《う》みだす体内時計《たいないどけい》

睡眠《すいみん》と関係《かんけい》がある病気《びょうき》

睡眠時間《すいみんじかん》が短《みじか》いと，肥満《ひまん》になりやすい

大《おお》きないびきは，病気《びょうき》の危険信号《きけんしんごう》かもしれない

動物《どうぶつ》たちの睡眠《すいみん》と冬眠《とうみん》

イルカは，脳《のう》の半分《はんぶん》ずつ眠《ねむ》る

全身《ぜんしん》の活動《かつどう》を休止《きゅうし》させる「冬眠《とうみん》」

Staff

Editorial Management	中村真哉
Editorial Staff	道地恵介
Cover Design	岩本陽一
Design Format	村岡志津加（Studio Zucca）

Illustration

表紙カバー	佐藤蘭名
表紙	佐藤蘭名
14〜23	佐藤蘭名
27	富﨑NORIさんのイラストを元に 佐藤蘭名が作成
34〜71	佐藤蘭名
73	富﨑NORIさんのイラストを元に 佐藤蘭名が作成
77〜81	佐藤蘭名
83〜87	富﨑NORIさんのイラストを元に 佐藤蘭名が作成
90〜177	佐藤蘭名
180〜191	荻野瑶海さんのイラストを元に 佐藤蘭名が作成
195	佐藤蘭名

監修（敬称略）：
高橋昌一郎（國學院大學教授）

本書は主に，Newton 別冊『絵でわかる パラドックス大百科』の一部記事を抜粋し，
大幅に加筆・再編集したものです。

ニュートン超《ちょう》図《ず》解《かい》新《しん》書《しょ》
最《さい》強《きょう》に面《おも》白《しろ》い パラドックス

2023年8月10日発行

発行人　高森康雄
編集人　中村真哉
発行所　株式会社 ニュートンプレス　〒112-0012 東京都文京区大塚3-11-6
https://www.newtonpress.co.jp/

ISBN978-4-315-52727-8